Esclerosis Múltiple

y (mucha)

Vitamina D

Esclerosis Múltiple y (mucha)

Vitamina D

Mi tratamiento con el
Protocolo Coimbra para Enfermedades Autoinmunes

Ana Claudia Domene

Para todos aquellos que se están apropiando de sus procesos de cura y transformando sus enormes retos médicos en formidables victorias personales.

Sumário

Agradecimientos

Gracias a mi marido, Robert, por su apoyo constante y por nuestra bonita relación.

Muchas gracias a los miembros de los grupos de discusión acerca de la EM de los que participo. Me han ayudado con su enorme experiencia cuando yo no tenía ninguna y todavía me siguen ayudando con su conocimiento y amistad.

Agradezco especialmente a los pacientes que han acordado en enviarme sus testimonios para la realización de este libro. Que sus palabras lleguen a muchos otros.

Y, por fin, mis más sinceros agradecimientos al doctor Cicero Galli Coimbra por siempre poner el interés de sus pacientes antes de cualquier otro, y por devolverme mi propia vida.

Aviso legal

La información médica contenida en este libro es solo para fines educativos y no pretende ser un manual médico. Representa mis opiniones, según mi experiencia personal con la esclerosis múltiple y el tratamiento con dosis altas de vitamina D. Mi intención no es diagnosticar ni tratar ninguna afección; más bien, es educar e inspirar a los lectores a explorar un enfoque terapéutico que ha permitido a miles de pacientes en todo el mundo mantener sus enfermedades autoinmunes en remisión permanente. Se rechazan todas las garantías, sin limitación, así como la responsabilidad por los daños que se deriven del uso y/o la aplicación de los contenidos en este libro, ya sea directa o indirectamente. El protocolo tratado en este libro es un tratamiento médico, y siempre debe realizarse bajo la supervisión de un médico calificado.

Introducción

"Hice toda la investigación que pude y me hice cargo de esta enfermedad, porque si no cuidas tu cuerpo, ¿dónde vas a vivir?"

Karen Duff

Si ha elegido este libro, es bastante posible que esté o haya estado pasando por el proceso de diagnóstico de una enfermedad autoinmune. Puede que, incluso, esté siguiendo algún tratamiento y tomando la medicación prescrita para su condición. Pero sigue buscando una solución porque en realidad, cuando hablamos de enfermedades autoinmunes, la medicina convencional, lamentablemente, ha fracasado.

Para mi propia condición (la esclerosis múltiple), hoy las opciones convencionales son fármacos potentes que pueden o no afectar la evolución de mi enfermedad, pueden o no mejorar los síntomas, pero seguramente generarían trastornos a mi vida con su largo listado de efectos secundarios perjudiciales. Utilicé una de esas drogas por casi dos años hasta que me di cuenta de que era, en lo mejor de los casos, un paliativo. Estaba muy lejos de ser una solución.

Escribo este libro con la finalidad de ofrecer una perspectiva honesta y práctica sobre el protocolo que se ha convertido en mi solución. No voy a detenerme en explicaciones detalladas acerca de las enfermedades autoinmunes, ni explorar a fondo los tratamientos convencionales, las dietas o la gestión del estrés. Sobre cada uno de esos temas hay excelentes recursos disponibles, y le recomiendo que los investigue porque estar actualizado acerca de los temas que pueden afectar su condición hace toda la diferencia. Hablaré brevemente sobre esos temas, pero solo en lo que se relacionen a mi propia experiencia. Lo que realmente quiero compartir es el tratamiento que, al fin y al cabo, elegí para mí. Quiero contar cómo encontré este tratamiento y qué ha hecho por mi salud a lo largo de los ocho años desde que fui diagnosticada. Quiero hacer posible que lo elija también, si asó lo desee.

En 2002 el neurólogo brasileño Dr. Cicero Galli Coimbra[1] observó que para subir sus niveles de vitamina D, los pacientes con enfermedades autoinmunes necesitaban dosis más altas que la persona promedio. Ese fue el inicio de lo que hoy se conoce como el Protocolo Coimbra.

En este libro, comparto mi experiencia con el Protocolo Coimbra. La información en él contenida se basa solamente en mi aprendizaje como paciente, pero debe ser suficiente para darle una idea del plan de tratamiento, además de ofrecer a su médico una comprensión general acerca del mismo, en caso de que solicite su ayuda para realizar las pruebas médicas necesarias. Permítame reiterar: para seguir este protocolo, debe consultar a un médico que tenga experiencia en el tratamiento con altas dosis de vitamina D. Al final del libro, en Fuentes, encontrará un enlace a la lista actualizada de médicos. Posteriormente, su propio médico de cabecera podrá solicitar las pruebas de laboratorio, pero es fundamental contar con la supervisión de un médico que entienda el Protocolo Coimbra, alguien a quien puede acudir cuando tenga preguntas sobre el progreso de su tratamiento o los resultados de sus pruebas.

Vengo de Brasil, donde está el consultorio del doctor Coimbra. También soy su paciente, a pesar de haber vivido en Nuevo México, EE. UU., durante los últimos 20 años. Mi propio médico de atención primaria aquí en Albuquerque ha estado solicitando todas mis pruebas de laboratorio desde que empecé a tomar altas dosis de vitamina D. Este médico es un doctor en medicina, un médico convencional que trabaja en un importante hospital del estado; aun así, me ha apoyado mucho desde que elegí este tratamiento. Creo que muchos médicos en este país serían igualmente solidarios.

Actualmente, hay médicos en Canadá, Estados Unidos, Italia, Portugal, España, Croacia, Argentina, Perú y Brasil que prescriben el protocolo Coimbra. A medida que los pacientes se dan cuenta de esta opción y la solicitan, un número creciente de médicos se están interesando y poniéndola a disposición de más personas con enfermedades autoinmunes.

En los capítulos 4, 5 y 6, cuento mi propia historia para dar un ejemplo práctico de lo que se puede esperar con este tratamiento. Hablo acerca de la frecuencia con la que me realizan pruebas de laboratorio, los resultados de mi resonancia magnética a lo largo de los años, cómo funciona la dieta, etc. Trato de ser breve y concisa, porque sé que lo que realmente interesa es una respuesta a la pregunta: "¿Puede este tratamiento ser una solución para mí?"

En el Capítulo 10, hay testimonios de otros pacientes que siguen el Protocolo Coimbra. Durante uno de mis viajes a São Paulo, tuve el privilegio de conocer personalmente a algunos de ellos; Otros que conozco desde hace bastante tiempo en nuestros grupos de Facebook. Son pacientes con esclerosis múltiple recurrente-remitente, esclerosis múltiple primaria progresiva, artritis reumatoide, enfermedad de Crohn, artritis psoriásica y psoriasis. Dejaré que sus palabras hablen por sí mismas.

A medida que vaya leyendo las distintas secciones, se dará cuenta de que este no es un libro sobre cómo vivir con una enfermedad, ni sobre cómo cambiar drásticamente su dieta y estilo de vida para curarse. Este libro trata sobre un enfoque médico que puede aliviar sus síntomas, liberarlo de sus medicamentos y restaurar su salud. Se trata de cuán poderoso puede ser el tratamiento correcto. A veces es difícil aceptar que trastornos tan complejos puedan tener una solución tan simple como tomar vitamina D, así que permítame compartir una historia con usted.

En 1595, el mundo enfrentó un grave problema en las carabelas. Los marineros morían de una enfermedad silenciosa, sin causa aparente. En 1601, el capitán James Lancaster decidió dar una cucharadita de limón todos los días a parte de su tripulación. El resultado fue que entre los marineros que tomaron el limón, nadie murió. Entre los que no tomaron el limón, la tasa de mortalidad fue de alrededor del 40 por ciento. El capitán James se lo contó a todo el mundo, pero fue en vano. En 1753, James Lind (el médico de un navío) publicó un estudio que comparaba seis enfoques diferentes para la prevención y el tratamiento de la enfermedad, que entonces ya se había identificado y se llamaba escorbuto. En este estudio, concluyó: "Lo efectos positivos más repentinos y visibles se percibieron por la utilización de naranjas y limones". Sin embargo, nadie pensó en implementar el uso de limones en barcos. En 1865, finalmente se recomendó la ingesta de limones como prevención para el escorbuto, pero como los médicos no entendían cómo los limones curaban la enfermedad, esta práctica de prevención pronto fue desacreditada. Durante los siguientes 60 años, el escorbuto continuó matando personas, a pesar de tener una solución conocida, con investigaciones científicas que lo respaldan. Esto ocurrió hasta 1932, cuando finalmente se aisló la vitamina C y los médicos entendieron que el escorbuto era causado por una deficiencia de vitamina

C, algo que se resolvía fácilmente con una cucharadita de limón al día.

Hasta la fecha, hay miles de estudios científicos revisados por expertos que muestran un vínculo entre los niveles de vitamina D y las enfermedades autoinmunes. Esperemos que no pasen 300 años hasta que se comiencen a recomendar dosis realistas de vitamina D para la prevención y el tratamiento de estos trastornos.

Por fin, si quiere saber si actualmente vivo bien con la esclerosis múltiple, puedo decir honestamente que sí; que, a pesar de haber sido diagnosticado a los 40 años, un hecho que aumentó mi probabilidad de tener una enfermedad más agresiva, casi no recuerdo que tengo EM. Por esta razón, me he decidido a hablar sobre la vitamina D a todas las personas con enfermedades autoinmunes. En los últimos ocho años, he estado muy activa en redes sociales, principalmente en grupos y foros de Brasil. Ahora, al seguir el Protocolo Coimbra durante tanto tiempo y con un éxito tan notable, creo que este tratamiento debe ser conocido por los pacientes en todo el mundo.

Debido a que comencé a tomar altas dosis de vitamina D al principio de mi diagnóstico, mi vida es muy diferente de lo que un día temí que sería, y espero que la información presentada en este este libro le permita experimentar el mismo éxito.

Capítulo 1

"La vitamina D es colecalciferol, una hormona. Las deficiencias hormonales pueden tener. consecuencias catastróficas."
Dr. William Davis

Vitamina D

Hemos aprendido a pensar en la vitamina D como una vitamina, una sustancia que obtenemos de nuestras dietas, como las vitaminas C o B12. Se ha nombrado como vitamina porque se descubrió a principios del siglo pasado, cuando los científicos la detectaron en el aceite de hígado de bacalao. Como los científicos ya habían identificado la vitamina A, algunas vitaminas B y la vitamina C, imaginaron que la nueva sustancia era vitamina D. Pero a pesar de su nombre, la vitamina D no es realmente una vitamina, y no podemos depender de nuestras dietas para obtenerla. En realidad, producimos vitamina D en nuestra piel al absorber la luz ultravioleta del sol.

Los investigadores tardaron algunas décadas en darse cuenta de que esta sustancia es, de hecho, una hormona. En 1931, el químico alemán Adolf Windaus demostró que la vitamina D tiene una estructura similar a las hormonas esteroides. Sin embargo, difiere de otras hormonas en el hecho de que mientras que las hormonas específicas se dirigen a órganos específicos, cada tejido y célula de nuestro cuerpo tiene receptores para la vitamina D. Hoy día, la vitamina D se considera una hormona secosteroide, una sustancia de una clase en sí misma, una clave bioquímica que controla al menos 229 de nuestros genes y provoca miles de procesos esenciales en nuestras células.

Más de 25.000 de las funciones celulares dependen de niveles adecuados de vitamina D, incluida la función que desempeña esta sustancia en la modulación del sistema inmunológico. Cuando los niveles de vitamina D son suficientes, nuestras células funcionarán correctamente. Pero cuando nuestros niveles son bajos, muchas de estas funciones no se realizarán.

Un estudio publicado por la Universidad de Colorado en 2009[2] mostró que tres cuartas partes de los adolescentes y adultos en los Estados Unidos tienen deficiencia de vitamina D. A raíz de este estudio, el Instituto de Medicina (IOM) decidió revisar la dosis diaria recomendada de 200-600 UI (Unidades Internacionales). Sin embargo, a fines de 2010, a pesar de la deficiencia generalizada de vitamina D en el país, la OIM optó por mantener su recomendación: "Se estableció un valor diario recomendado de 600 UI para niños de un año o más, así como para adolescentes., mujeres embarazadas y lactantes, y adultos de 70 años."[3]

Mientras tanto, el Dr. Michael Holick, el principal investigador mundial de la vitamina D, afirma: "Todos los adolescentes y adultos pueden tolerar fácilmente 10.000 UI de vitamina D al día sin preocuparse por la toxicidad."[4] Dr. John Cannell, fundador del Consejo de la vitamina D y autor de numerosos artículos sobre vitamina D revisados por expertos, está de acuerdo: "Pueden pensar que es tóxico", dice el Dr. Cannell durante una entrevista sobre la seguridad de la vitamina D, "pero no pueden encontrar un único caso en la historia de la literatura médica que lo compruebe. Ni siquiera pueden encontrar un caso en el que un individuo, de cualquier edad, que ingiera 10.000 UI de vitamina D al día, haya experimentado toxicidad por la vitamina D. La toxicidad de la vitamina D generalmente comenzaría a aparecer si alguien tomara 50.000 UI al día durante muchos meses. Incluso en ese caso, 50.000 UI por día no serán tóxicos para todos. Nunca se ha documentado que la toxicidad de la vitamina D se produzca a niveles sanguíneos inferiores a 200 ng/ml"[5]

Para el Dr. Cicero G. Coimbra, los niveles actuales recomendados por las organizaciones de salud de todo el mundo no son suficientes para que la mayoría de las personas salgan de la deficiencia. "Para una persona sana", afirma, "puedo afirmar sin dudas que 10.000 UI por día no supondrán ningún riesgo, sino todo lo contrario. Para aquellos que sufren de cualquier enfermedad autoinmune, esta dosis proporcionará un alivio parcial, pero no eliminará el problema. Se pueden usar dosis más altas, siempre que esta suplementación se realice bajo supervisión médica".[6]

Capítulo 2

"Al tomar decisiones de cualquier tipo, raras veces hay certezas absolutas. Respecto la vitamina D, la verdadera pregunta es ¿cuánta evidencia necesitamos antes de actuar considerando lo que ya sabemos."

Dr. Reinhold Vieth

Vitamina D y las Enfermedades Autoinmunes

La función del sistema inmunológico es protegernos contra enfermedades e infecciones. Todas nuestras células tienen receptores en sus membranas que permiten que el sistema inmunológico reconozca nuestras células como parte de nuestro cuerpo y, en una persona sana, el sistema inmunitario podrá distinguir qué células son "seguras" y cuáles son una amenaza, como bacterias y virus. Pero cuando el sistema inmunológico no funciona correctamente, identifica erróneamente el tejido sano como extraño y lo ataca. Las enfermedades autoinmunes ocurren cuando el sistema inmunológico falla y el cuerpo comienza a atacarse a sí mismo. Esto puede llevar a una variedad de condiciones, que afectan diferentes áreas de nuestro organismo.

En los EE. UU., Aproximadamente cincuenta millones de personas viven con una enfermedad autoinmune, estima la AARDA (Asociación Americana de Enfermedades Autoinmunes), y la prevalencia de estos trastornos parece estar aumentando. De hecho, las tasas se están desarrollando tan rápidamente que las condiciones autoinmunes son ahora el tercer principal tipo de enfermedad crónica en el país, detrás de las enfermedades cardiovasculares y el cáncer. Las causas para la autoinmunidad no se entienden del todo. Las bacterias, los virus, las toxinas, las alergias alimentarias, los intestinos permeables, los fármacos y el estrés de la vida moderna parecen desempeñar un papel en el desencadenamiento de un proceso autoinmune en alguien que ya tiene una predisposición genética para desarrollar este trastorno. En las últimas décadas, otro factor que ha sido ampliamente investigado como una posible causa para la aparición y exacerbación de enfermedades autoinmunes es la deficiencia de vitamina D.

La investigación sobre los efectos de la vitamina D en el sistema inmunológico comenzó hace unos 40 años, cuando los epidemiólogos decidieron analizar la distribución geográfica de los trastornos autoinmunes en todo el mundo. Descubrieron que la incidencia de autoinmunidad aumentaba en proporción directa a la distancia del ecuador. Las localizaciones cerca del ecuador tuvieron una baja prevalencia de tales trastornos. Con el tiempo, esto se relacionó con el mayor efecto de la radiación solar en nuestros cuerpos: la producción de vitamina D.

Hasta la fecha, miles de estudios publicados han asociado la deficiencia de vitamina D a las enfermedades autoinmunes más comunes, como lupus, artritis reumatoide, psoriasis, vitíligo, esclerosis múltiple y diabetes tipo 1, entre otras.

Veamos algunos ejemplos. En 2009, un estudio presentado en el congreso anual de la Academia Americana de Neurología [7]demostró que altas dosis de vitamina D reducen drásticamente la tasa de recaída en personas con esclerosis múltiple. Los pacientes en el grupo con altas dosis recibieron dosis crecientes de vitamina D durante seis meses, hasta alcanzar un máximo de 40.000 UI diarias. Luego, las dosis se redujeron gradualmente durante los seis meses siguientes, con un promedio diario de 14.000 UI por año. Los pacientes que recibieron dosis altas de vitamina D en el estudio tuvieron una tasa de recaída más baja y su actividad de células T se redujo significativamente, en comparación con el grupo que tomó dosis más bajas. John Hooge, MD, un especialista en esclerosis múltiple de la Universidad de British Columbia en Vancouver que no estuvo involucrado en esta investigación, afirma: Este es un estudio impresionante que muestra que, probablemente, incluso las dosis más altas son seguras y más efectivas."[8]

En 2011, un estudio realizado por 209 pacientes de lupus eritematoso sistémico en el Centro Médico de la Universidad Estatal de Ohio[9] descubrió que la mayoría de los pacientes incluidos en el estudio tenían deficiencia de vitamina D. Los autores concluyeron que los niveles de vitamina D estaban correlacionados negativamente con la actividad del lupus. En otras palabras, mientras más vitamina D haya en la sangre, menor será la actividad del lupus y viceversa.

En 2013, un estudio piloto publicado por los doctores Danilo Finamor y Cicero G. Coimbra evaluó el efecto de la administración prolongada de dosis altas de vitamina D en el curso clínico del vitíligo y la psoriasis.[10] En este estudio, nueve pacientes con psoriasis y 16 pacientes con vitíligo recibieron 35.000 UI diariamente durante seis meses en asociación con una dieta baja en calcio (evitando productos lácteos y alimentos enriquecidos con calcio) e hidratación (mínimo de 2,5 litros diarios). La condición clínica de los pacientes mejoró significativamente durante el tratamiento, sin que se observaran síntomas de toxicidad en ninguno de los 25 participantes, incluido un paciente con vitíligo que alcanzó una concentración sérica de 202,2 ng/ml. Los resultados del ensayo sugieren que, al menos para pacientes con trastornos autoinmunes como el vitíligo y la psoriasis, una dosis diaria de 35.000 UI de vitamina D es un enfoque terapéutico seguro y eficaz para reducir la actividad de la enfermedad.

Sin embargo, hasta recientemente, ningún estudio había demostrado que bajos niveles de vitamina D pudieran ser una causa directa de las enfermedades autoinmunes. Esto ha cambiado, gracias a un importante estudio publicado el 25 de agosto de 2015 en *PLOS Medicine*,[11] donde los científicos demostraron una correlación genética que sugiere que la falta de vitamina D puede ser la causa de la esclerosis múltiple. Utilizando una técnica llamada aleatorización mendeliana, los autores examinaron si existía alguna asociación entre los niveles de vitamina D genéticamente reducidos y la susceptibilidad a la esclerosis múltiple entre los participantes del estudio del *Esclerosis Múltiple Genetics Consortium*, que involucró a 14.498 personas con esclerosis múltiple y 24.091 controles sanos. El estudio concluyó que un nivel de vitamina D genéticamente reducido está fuertemente asociado con una mayor susceptibilidad a la esclerosis múltiple. Según el Dr. Benjamin Jacobs, que no participó en la investigación, "este estudio revela nuevas evidencias importantes de un vínculo entre la deficiencia de vitamina D y la esclerosis múltiple. Los resultados muestran que, si un bebé nace con genes asociados con la deficiencia de vitamina D, tienen el doble de probabilidades que otros bebés de desarrollar EM cuando adulto. Esto podría deberse a que la deficiencia de vitamina D causa esclerosis múltiple ".

A pesar de todas las evidencias científicas de que la vitamina D es crítica para prevenir y tratar las enfermedades autoinmunes, la mayoría de los médicos todavía ignoran los hechos e insisten en prescribir dosis diarias entre 1.000 UI y 2.000 UI a pacientes con enfermedades autoinmunes. Afortunadamente, siempre hay excepciones a cada regla, y algunos médicos están empezando a hacer caso a estos importantes hallazgos médicos.

Capítulo 3

"Además, la medicina basada en evidencias considera que los estudios controlados son prescindibles cuando los efectos beneficiosos son evidentes. ¿Cómo podríamos administrar placebos a pacientes con enfermedades graves simplemente para comprobar científicamente los beneficios de un tratamiento que ya sabemos que es eficaz?"
Dr. Cicero G. Coimbra

El Protocolo Coimbra

¿Qué es el Protocolo Coimbra?

El Protocolo Coimbra es un enfoque terapéutico para enfermedades autoinmunes que se basa en altas dosis de vitamina D para detener los ataques del sistema inmunológico.

La vitamina D es el inmunomodulador más potente de nuestro organismo. Cuando tenemos niveles adecuados de esta sustancia, los procesos esenciales en nuestras células se desarrollan correctamente; sin embargo, según el Dr. Coimbra, todos o casi todos los pacientes con enfermedades autoinmunes tienen una mayor resistencia a los efectos de la vitamina D. Esta resistencia puede deberse a variantes genéticas y también puede estar influenciada por factores como el peso corporal, la masa corporal índice, y edad. Por lo tanto, los pacientes con afecciones autoinmunes requieren niveles más altos de vitamina D para beneficiarse de los efectos de esta importante hormona en sus células y tejidos.

¿Cómo empezó?

En 2002, el Dr. Coimbra notó que las dosis diarias recomendadas de 200-600 UI no eran suficientes para elevar los niveles de vitamina D en pacientes con esclerosis múltiple. Entonces, comenzó a usar la dosis fisiológica de 10.000 UI por día, la cantidad que nuestro propio cuerpo produce naturalmente cuando se expone al sol durante unos minutos. Con esta dosis, el Dr. Coimbra observó una notable mejora clínica en la gran mayoría de sus pacientes. A partir de ese momento, las dosis aumentaron todavía más, siempre respaldadas por pruebas de laboratorio para garantizar que los pacientes no experimentaran efectos secundarios. Los resultados fueron que muchos de estos pacientes se encontraban completamente libres de los síntomas y manifestaciones de la enfermedad.

Durante los 10 años siguientes, el Dr. Coimbra y su personal modificaron y perfeccionaron gradualmente el tratamiento, principalmente en términos de las dosis diarias prescritas, que aumentaron constantemente. A partir de 2012, se alcanzó el nivel deseado de eficacia y el Protocolo Coimbra se volvió muy similar a lo que es hoy.

¿Cómo se aplica el protocolo?

El Protocolo Coimbra requiere dosis de vitamina D que varían de 40.000 UI a 200.000 UI al día. Generalmente, la dosis se mantiene alrededor de 1.000 UI por kilogramo (2,2 lbs.) del peso total del paciente al día. Esta es solo la regla general, ya que la dosis para cada paciente se ajustará a lo largo del tratamiento, de acuerdo con los resultados de las pruebas de laboratorio.

Hay casos en que los pacientes pueden recibir una dosis inicial más alta durante algunos días al comienzo del tratamiento. Una persona con peso corporal excesivo, por ejemplo, podría tener más resistencia a la vitamina D. Según el Dr. Coimbra, el uso de dosis más altas puede prevenir las recaídas durante las primeras semanas de tratamiento, y esto puede ser útil en algunos casos, ya que la vitamina D requiere al menos dos meses para alcanzar un nivel constante en nuestra sangre. La vitamina D también puede promover la remielinización de las lesiones recientes de la EM, y esta es otra razón para seguir un tratamiento inicial más agresivo en pacientes con enfermedad desmielinizante que hayan sufrido una recaída reciente y que, debido a ello, puedan correr el riesgo de sufrir una discapacidad. El médico determinará si un paciente debe comenzar el tratamiento con una dosis más alta.

Durante el tratamiento, los niveles de vitamina D pueden variar de 300 a 4.000 ng/ml. Esto está muy por encima del rango normal listado por los laboratorios, que es de 30 a 100 ng/ml.

¿Por qué los pacientes con enfermedades autoinmunes necesitan niveles tan altos de vitamina D?

Los pacientes con enfermedades autoinmunes requieren niveles más altos de vitamina D debido a su resistencia a esta sustancia. Esta resistencia está estrechamente relacionada con los llamados polimorfismos genéticos, pequeñas mutaciones en nuestros genes que son bastante comunes. Estas pequeñas mutaciones ocurren espontáneamente, pueden ser heredadas genéticamente o se generan a partir del ambiente: fumar, alimentación, drogas, etc.

Se requiere una gran cantidad de acciones coordinadas que involucren varios genes para que nuestro cuerpo produzca vitamina D a través de la exposición solar. Si un individuo tiene mutaciones en cualquiera de los genes involucrados en este proceso, será resistente al efecto biológico de la vitamina D y necesitará dosis más altas. Esta es la razón por la cual las dosis son determinadas individualmente por el médico. Un paciente con una mutación en un solo gen o un ítem de este proceso será menos resistente. Por otro lado, un paciente que tiene mutaciones en diferentes puntos tendrá una mayor resistencia a las acciones de la vitamina D.

¿Cuál es el nivel ideal de vitamina D?

El nivel adecuado de vitamina D es individual, por lo que, no existe un único nivel ideal. La prueba que mide el nivel en suero (sangre) de vitamina D se llama 25 (OH) D3. Sin embargo, en el Protocolo Coimbra, los niveles de vitamina D no se utilizan para realizar ajustes de dosis. La prueba utilizada para determinar si los niveles de vitamina D son adecuados es la hormona paratiroidea PTH.

La hormona paratiroidea, o parathormona, es una hormona liberada por las glándulas paratiroides. La vitamina D suprime la PTH. En consecuencia, a medida que los niveles de vitamina D aumentan, los niveles de PTH bajan. Si se eliminara completamente la PTH, esto significaría que la vitamina D estaría funcionando a su máximo potencial biológico. Como no podemos suprimir completamente la PTH, ya que también tiene sus propósitos en nuestro cuerpo, mantenemos los niveles de PTH en su límite normal más bajo.

Se miden los niveles de PTH al comienzo del tratamiento, y luego regularmente a lo largo del tratamiento. Si la PTH no está en su límite mínimo normal, las dosis diarias de vitamina D se incrementan hasta que se alcance el nivel de PTH deseado. Durante el tratamiento, se espera que los niveles de PTH bajen a su límite normal más bajo y permanezcan allí. Cuando esto sucede, se supera la resistencia a la vitamina D y el paciente comienza a beneficiarse de sus poderosos efectos inmonodulatorios a nivel celular. Normalmente, se requieren dos años (aproximadamente cuatro citas) para ajustar las dosis de vitamina D. Después de este período, el tratamiento consiste en mantener los niveles adecuados de PTH y calcio.

¿Cualquier persona puede seguir el Protocolo Coimbra?

Solo el médico puede determinar si un paciente es un buen candidato para seguir el Protocolo Coimbra. Es posible ciertas afecciones, como problemas renales o de la tiroides, entre otras, deban tratarse antes de que el paciente pueda tomar altas dosis de vitamina D. Existen algunas enfermedades, como la sarcoidosis, que pueden hacer que el paciente sea anormalmente sensible a la vitamina D. En general, la gran mayoría de los pacientes está apta a seguir el Protocolo Coimbra, pero solo el médico puede evaluar sus problemas de salud antes de comenzar el tratamiento.

¿El Protocolo Coimbra es efectivo para pacientes que han tenido una enfermedad autoinmune durante muchos años?

Sí. El principal motivo para utilizar altas dosis de vitamina D es detener la progresión de las enfermedades, y esto puede lograrse incluso en pacientes que se encuentran en etapas más avanzadas de su enfermedad. Aunque la vitamina D también pueda revertir daños anteriores, es más eficaz en la reversión de daños recientes, como lesiones desmielinizadas de la EM, que no tengan más de dos años. Por lo tanto, si bien todos puedan beneficiarse de las altas dosis de vitamina D, como en cualquier intervención médica, cuanto antes el paciente inicie el tratamiento, mejores serán los resultados.

¿Se puede seguir el Protocolo Coimbra en conjunto con el tratamiento convencional?

Sí. No hay interacción dañina entre las altas dosis de vitamina D y los medicamentos convencionales para las enfermedades autoinmunes. El problema con hacer ambos tratamientos es que la vitamina D no será tan efectiva, ya que la mayoría de los medicamentos recetados para estos trastornos son inmunosupresores, mientras que la vitamina D es un potente inmunomodulador. Por lo general, la mayoría de los pacientes en el Protocolo Coimbra suspenden los medicamentos convencionales tan pronto como se sienten lo suficientemente bien y lo suficientemente seguros como para hacerlo.

¿Hay efectos secundarios?

La vitamina D promueve la absorción de calcio en los intestinos. Como resultado, un posible efecto secundario de tomar altas dosis de vitamina D durante largos períodos de tiempo es un exceso de calcio en la sangre (hipercalcemia) o un exceso de calcio en la orina (hipercalciuria). Esto se puede evitar con una dieta libre de productos lácteos y alimentos enriquecidos con calcio, y realizando pruebas de laboratorio regulares para asegurarse de que los niveles de calcio se mantengan bajo control.

La vitamina D también es responsable de dirigir el calcio hacia los huesos. Sin embargo, cuando suministrada en altas dosis, también puede eliminar el calcio de los huesos. Estas se denominan, respectivamente, actividades osteoblásticas y osteoclásticas. Para evitar la actividad osteoclástica (pérdida de masa de los huesos) es necesario realizar una rutina diaria de ejercicios aeróbicos, como caminar durante 30 minutos, por ejemplo. Los ejercicios aeróbicos inducirán la producción de calcitonina e inhibirán fuertemente la actividad osteoclástica, estimulando la ganancia de masa ósea.

Los pacientes que permanezcan sedentarios durante este tratamiento perderán lentamente masa ósea. Por lo tanto, aquellos que no puedan practicar ejercicios aeróbicos, a lo largo de algún tiempo, pueden necesitar medicamentos, como los bifosfonatos, para prevenir la osteoporosis. Estos son los posibles efectos secundarios de la ingestión de altas dosis de vitamina D durante un período prolongado, y se pueden prevenir con dieta y ejercicio.

¿Qué pruebas de laboratorio son necesarias?

Los médicos solicitarán diferentes pruebas según las necesidades específicas de cada paciente. Según el Dr. Coimbra, las mediciones más importantes en el protocolo son la PTH y el calcio en orina de 24 horas. Otras pruebas que se solicitan habitualmente son calcio total e ionizado, 25 (OH) D3, vitamina B12, urea y creatinina, albúmina, ferritina, suero de cromo, fosfato sérico y fosfaturia 24 horas, entre otras.

El Dr. Coimbra recomienda que los pacientes se sometan a un análisis anual de densidad ósea, y que ajusten cualquier deficiencia de vitamina B12.

¿En qué consiste la dieta?

La dieta del Protocolo Coimbra es muy simple. Los pacientes deben evitar los productos lácteos y los alimentos enriquecidos con calcio, y beber al menos 2,5 litros de líquido al día. Esta cantidad de agua ayuda a diluir el calcio que se elimina en la orina, evitando que se deposite en los riñones. Algunos alimentos ricos en calcio también pueden requerir moderación, como las nueces.

En mi opinión personal, cuando se trata de la dieta, la mejor manera de averiguar si lo está haciendo correctamente es a través de las pruebas de laboratorio. Si los niveles de calcio son normales, entonces su dieta está correcta. Si está demasiado cerca del límite alto, debe evitar más los alimentos ricos en calcio, como la soja (tofu, leche de soja), nueces, algunas semillas, etc. El calcio tampoco debe ser demasiado bajo. A veces, los pacientes siguen muy estrictamente sus restricciones dietéticas y quedan con poco calcio en la orina. Si esto sucede, el médico le indicará que vuelva a introducir una pequeña cantidad de alimentos ricos en calcio en su dieta.

¿Existen otros suplementos recomendados además de la vitamina D?

Según el Dr. Coimbra, la vitamina D es responsable del 95 por ciento del éxito del tratamiento. Sin embargo, los médicos también prescriben otros suplementos. La lista de suplementos y sus respectivas dosis varían de un paciente a otro, pero los más comunes son complejos B, riboflavina, B12, omega-3, magnesio, colina, picolinato de cromo.

¿El protocolo Coimbra funciona para todos?

La gran mayoría de los pacientes entran en remisión completa a los pocos meses de comenzar a tomar altas dosis de vitamina D. Sin embargo, un pequeño porcentaje de los pacientes solo encuentra un alivio parcial de sus síntomas y algunos no experimentan ningún beneficio. Más abajo describo algunos factores conocidos que podrían comprometer los resultados del Protocolo Coimbra.

Tomar baños excesivamente calientes, o ir con frecuencia a piscinas climatizadas y jacuzzis, puede ser perjudicial para el tratamiento. El cuerpo podría interpretar el cambio de temperatura como una fiebre, lo que activará el sistema inmunológico.

La depresión, la ansiedad y el estrés emocional, cuando no tratados, pueden dificultar los efectos beneficiosos de la vitamina D. Todos los problemas emocionales deben abordarse y tratarse activamente.

La aparición frecuente de infecciones tiende a mantener el sistema inmunológico en un estado de "agresividad" constante, lo que limitará la efectividad de la vitamina D. Curar infecciones de cualquier tipo es fundamental para los pacientes que siguen el Protocolo Coimbra.

¿El protocolo Coimbra es una cura?

Actualmente, no hay cura para las enfermedades autoinmunes. El Protocolo Coimbra es un tratamiento médico que, cuando se sigue correctamente, puede mantener estos trastornos en remisión.

Se le preguntó al Dr. Coimbra si algún día los pacientes podrán dejar de tomar altas dosis de vitamina D, o al menos tomar dosis más bajas, una vez que la enfermedad esté inactiva por muchos años. Su respuesta es que podría ser posible, pero él no lo sabe. Hasta ahora, ningún paciente ha querido reducir su dosis de vitamina D y correr el riesgo de tener algún tipo de actividad de la enfermedad.

En lo que respecta a mi propia experiencia con la esclerosis múltiple, veo el Protocolo Coimbra como el tratamiento médico que sigo, pero no como una cura. La diferencia entre las altas dosis de vitamina D y los medicamentos convencionales es que la vitamina D es infinitamente más efectiva para prevenir las recaídas y detener la progresión de la enfermedad, además es mucho más segura, con efectos secundarios menos significativos. Los pocos efectos secundarios de este tratamiento son prevenibles, lo que no ocurre con los tratamientos convencionales. Ninguna cantidad de dieta y ejercicio puede prevenir los efectos secundarios causados por los medicamentos recetados para la esclerosis múltiple.

Después de seguir el Protocolo Coimbra durante ocho años, todavía tengo esclerosis múltiple. Es probable que siga teniendo esclerosis múltiple por siempre. Pero para mí, la EM ahora es una condición crónica mucho menos aterradora, como pueden ser la diabetes o la presión arterial alta. Mientras tomo mi medicamento muy efectivo, la vitamina D, la enfermedad permanece inactiva.

***

Espero haber podido transmitirles una idea general de cómo funciona el Protocolo Coimbra, y del por qué las altas dosis de vitamina D consiguen resultados muy diferentes a solo utilizarla como suplemento.

Es importante recordar que este tratamiento siempre debe ser realizado por un médico calificado. Si no se administra correctamente, las dosis superiores a 10.000 UI por día pueden causar daños irreversibles a los riñones, entre otras complicaciones.

Capítulo 4

"La deficiencia de vitamina D es prácticamente un prerrequisito para el desarrollo de cualquier enfermedad autoinmune."

Dr. Cicero G. Coimbra

Mi Diagnóstico

Una mañana, a principios de 2008, me desperté con un ligero cosquilleo en los pies. Pensé que tal vez había hecho demasiado ejercicio el día anterior y estaba teniendo algún tipo de reacción. Pero a medida que avanzaba el día, el hormigueo subía lentamente por mis piernas, y cuando salí del trabajo lo sentía en todo mi cuerpo, desde el cuello hacia abajo.

Así fue como comenzó mi historia con la esclerosis múltiple. Pasé las siguientes semanas yendo de prueba en prueba, teniendo citas con una variedad de especialistas que pidieron tomografías computarizadas, análisis de sangre, resonancias magnéticas y finalmente una punción espinal. Durante ese período, mis síntomas empeoraron mucho. Cuando finalmente escuché las palabras esclerosis múltiple, experimentaba hormigueo y adormecimiento en diferentes partes de mi cuerpo, había perdido el control de mi brazo derecho, había desarrollado una debilidad en mi pierna izquierda y sentía una fatiga tan intensa que solo con estar de pie unos pocos minutos me dejaba exhausta.

Cuando los resultados de la punción lumbar resultaron positivos para bandas oligoclonales, una proteína presente en el líquido cefalorraquídeo, me diagnosticaron con esclerosis múltiple. Puede sonar extraño, pero mi primera reacción fue de alivio. Sabía que algo estaba muy mal y algunas posibilidades que los médicos estaban investigando eran incluso más aterradoras que la esclerosis múltiple. Además, durante las semanas anteriores al diagnóstico, había investigado bastante sobre algunas de las enfermedades que podrían estar causando mis problemas. En mis lecturas, tuve la impresión de que ciertas enfermedades autoinmunes parecían volverse más manejables cuando los pacientes seguían dietas específicas, hacían ejercicio regularmente y mantenían un estilo de vida saludable. Estas cosas hacían sentido para mí. Sabía que podría cambiar mi estilo de vida si lo necesitaba. Entonces, cuando la neuróloga dijo que tenía esclerosis múltiple, me sentí un poco mejor.

Sin embargo, mi alivio duró poco porque la médica inmediatamente explicó el tratamiento. Tenía cuatro opciones, todas ellas medicamentos inyectables. Tres estaban en una clase de medicamentos llamados interferones, y el otro era un inmunomodulador llamado copaxona. Aparentemente, todos tenían eficacia similar, pero la copaxona tenía menos efectos secundarios. El médico dijo que en mi caso recomendaría la copaxona.

¿Qué tan efectiva sería la copaxona en mí caso? Evitaría aproximadamente el 30 por ciento de las recaídas y podría o no frenar la progresión de la enfermedad. Eso no me pareció muy efectivo, pero como el médico había dicho que los efectos secundarios no eran tan graves, pensé que no sería perjudicial tomarlos. Cuando regresé del hospital, observé los efectos secundarios: dolor en el pecho, erupción cutánea o irritación de la piel, mareos, sudoración, dificultad para respirar, latidos cardíacos fuertes, aleteo en el pecho, debilidad, dolor de espalda, hinchazón en las manos o los pies, fiebre, escalofríos, dolores corporales, síntomas de gripe, doble visión, entre muchos otros.

En ese momento, realmente estaba tratando de ser positiva, pero comencé a preguntarme cómo podría beneficiarme ese medicamento. Parecía tener muchas más desventajas que ventajas. Demasiados efectos secundarios, a corto y largo plazo, a cambio de muy pocos beneficios. Sin embargo, en aquel momento no tenía el conocimiento ni la confianza para rechazar el tratamiento convencional. No conocía ninguna opción mejor que aquella.

Empecé a tomar copaxona, pero intuitivamente, creía que tenía que haber algo mejor. En mi búsqueda de tratamientos alternativos, encontré muchos testimonios de pacientes que habían elegido diferentes rutas, generalmente dietas y suplementos de vitaminas. Estos enfoques estaban destinados a trabajar con la capacidad de curación natural del cuerpo en lugar de obstaculizarlo con medicamentos. No estaba segura de que sería suficiente para detener completamente la esclerosis múltiple, pero estaba decidida a intentarlo.

Una de las páginas que me ayudó mucho fue la del proyecto Ashton Embry MS, Direct MS. Decidí empezar a seguir la dieta recomendada por ellos, llamada Best Bet, que sugería evitar alimentos lácteos, los frijoles, la soja, el azúcar, el gluten, entre otros, y tomar una variedad de suplementos. La página web de Direct MS también estaba lleno de referencias científicas, y un área de investigación que me llamó la atención de inmediato fue el posible vínculo entre la vitamina D y la esclerosis múltiple. En unas pocas semanas, leí docenas de estudios sobre el tema. La vitamina D fue uno de los suplementos recomendados por la dieta Best Bet, y comencé a tomar la dosis sugerida de 5.000 UI por día. En algunos foros de EM, conocí a pacientes que habían aumentado su dosis a 10,000 UI por día y sentían una gran mejora en sus síntomas. Me preguntaba si debería hacer lo mismo, pero como sucede a menudo en la vida, cuando estás en el camino correcto las cosas simplemente se encajan en su lugar. Una tarde, Cristiane, una muy querida amiga de Brasil, me llamó para preguntar cómo me encontraba en mi búsqueda de un diagnóstico. Ella sabía que me había sentido mal, pero aún no sabía que tenía esclerosis múltiple. Le dije que ya había descubierto lo que estaba mal conmigo, que no debía preocuparse, que sonaba muy serio, pero hoy en día había muchos tratamientos nuevos y excelentes:

"Dime qué es lo que tienes, Ana." Ella nunca ha sido el tipo paciente.

"Esclerosis múltiple."

"¿Esclerosis múltiple?"

"Sí."

"Ah... no te preocupes, te quedarás totalmente bien."

Ella fue tan indiferente que estaba segura de que estaba pensando en una enfermedad diferente, pero asentí. "Sí, Cris. Hay muchos tratamientos modernos—"

"No, no, no. ¿Sabes quién también tiene esclerosis múltiple? Isabel." Isabel era nuestra amiga en común. No tenía idea de que se trataba para EM. "Isabel ha tenido EM por años. Toma algunas vitaminas y le va fenomenal."

Como yo misma estaba tomando vitaminas, y particularmente interesada en la vitamina D, sentí una curiosidad inmediata. Le dije que estaba siguiendo una dieta que también prescribía vitaminas.

"Esto es distinto, Ana. Hay un médico en São Paulo que trata la EM con vitaminas, pero no en doses habituales. Altas dosis. Isabel ha sido su paciente por muchos años. Dice que, desde que empezó su tratamiento, se ha olvidado que tiene EM."

"Eso suena fantástico, Cris. Hablaré con Isabel."

"Habla con ella y vente a Brasil. Y no te preocupes más por esta enfermedad. Pronto estarás totalmente bien."

Capítulo 5

"Cuando empezamos con la vitamina D y descubrimos que era eficaz, tomamos una decisión de vida. Dejamos atrás el mundo académico: esto de las drogas aquí, las drogas allí, los lanzamientos de drogas, las pruebas de nuevas drogas, los éxitos supuestamente satisfactorios. Dejamos todo de lado y solo pensamos en el interés del paciente que estaba allí, en nuestro consultorio, en aquel momento."
Dr. Cicero G. Coimbra

El tratamiento

Hablé con Isabel en agosto de 2008. Le habían diagnosticado EM cuatro años antes y durante seis meses había tomado avonex, uno de los interferones prescritos para la esclerosis múltiple. Las inyecciones le causaron severos efectos secundarios, y sintió que estaba perdiendo lentamente su calidad de vida. Después de seis meses de tratamiento con avonex, su médico solicitó una resonancia magnética y descubrió que se habían desarrollado nuevas lesiones en su cerebro. Se sentía perdida y no sabía si valía la pena seguir tomando el medicamento y soportar los efectos secundarios, cuando parecía que no estaba funcionando. Fue entonces cuando su farmacéutico le contó sobre el Dr. Cicero Coimbra y su tratamiento con altas dosis de vitamina D. A ella le gustó lo que escuchó y pidió una cita con él. Empezó a sentirse mejor casi de inmediato. Su fatiga desapareció después de un par de meses, otros síntomas de la enfermedad pronto siguieron. Ella dejó de tomar avonex, y sintió que había recuperado su vida. Después de tomar vitamina D durante un año, pidió una nueva resonancia magnética, que mostró que no había actividad de la enfermedad, ni nuevas lesiones. Casi cuatro años después, nada había cambiado. Ella se sentía muy bien.

Han pasado 12 años desde que Isabel comenzó su tratamiento con altas dosis de vitamina D. Hasta el día de hoy, no ha tenido otra crisis, no ha experimentado ningún efecto secundario por la vitamina D y está completamente sana. Hoy Isabel tiene 45 años, una edad en la que la EM suele ser más agresiva, especialmente si ya la ha tenido durante 12 años. Sin embargo, ella dice que no siente absolutamente nada relacionado con la enfermedad.

Cuando hablé con Isabel, en 2008, me dijo que vería al Dr. Coimbra en un par de semanas y que le mencionaría mi caso. No estaba segura de cuándo podría ir a Brasil para una cita, pero le pedí que le dijera que ya estaba tomando 5.000 UI al día. Isabel me dijo que tomaba 25.000 UI al día.

Isabel, entonces, habló con el Dr. Coimbra sobre mi caso y me dijo que como encontrara un médico que ordenara las pruebas de laboratorio necesarias, podría comenzar a tomar 15.000 UI al día. Esta es una dosis muy segura, ya que nuestro propio cuerpo produce esta cantidad si nos quedamos al sol durante unos 20 minutos. Sin embargo, como medida de precaución, dijo que debería evitar los productos lácteos y los alimentos enriquecidos con calcio.

Yo estaba eufórica. Siempre me he considerado una persona muy intuitiva, y desde los primeros días de mi diagnóstico, nada había captado mi interés tanto como la vitamina D. Tenía la esperanza de que una dosis más alta aliviaría mis síntomas, que todavía eran muy intensos, incluso después de tres meses tomando copaxona y siguiendo la dieta Best Bet.

En realidad, mis síntomas habían empeorado tanto que, al recordar, me doy cuenta de que probablemente tuve una segunda crisis entre recibir el diagnóstico y comenzar el tratamiento. Al leer sobre la EM, descubrí que tenía todos los factores que indican mayor riesgo a una enfermedad más grave y agresiva. Tenía 40 años, mis síntomas iniciales habían afectado más de un área de mi cuerpo y mi primer brote afectó el control motor. Pero no necesitaba leer sobre la EM para saber que mi caso era agresivo, y estaba desesperada por encontrar algo que al menos pudiera calmarlo. Encontrar a un médico que ya estaba recetando vitamina D en dosis altas me hizo creer que tal vez mis instintos eran correctos y que había encontrado la solución que estaba buscando

Fui a ver a mi médico de cabecera y le conté sobre mis planes para aumentar mi dosis a 15.000 UI al día. Ya había decidido que, si él no quisiera solicitarme las pruebas de laboratorio necesarias, buscaría un médico especialista en medicina natural o medicina funcional, que generalmente están más abiertos a terapias no convencionales. A pesar de mi aprensión, él asintió con prontitud. Parecía estar muy bien informado sobre la vitamina D, y no parecía preocupado que mi dosis fuera demasiado alta. Mientras las pruebas no mostraran efectos secundarios, él me ayudaría con el tratamiento. En aquel momento, me quedé realmente eufórica.

Debo decir que este doctor tiene mi más profundo respeto y gratitud. Él todavía solicita todas las pruebas de laboratorio necesarias cada seis meses y, en cada cita que tengo con él, se alegra por mi buena salud continua. El mundo necesita más médicos como él, abiertos a escuchar a sus pacientes y abiertos a nuevas formas de tratar las enfermedades, principalmente las que no tienen un tratamiento efectivo en la medicina convencional.

Salí de su consultorio, fui a casa y empecé a tomar mi nueva dosis diaria de 15.000 UI. También seguí tomando copaxona y siguiendo la dieta Best Bet.

***

La vitamina D no me decepcionó. Las mejoras llegaron lentamente, pero en las primeras semanas me di cuenta de que los síntomas no empeoraban. Después de unos tres o cuatro meses, mi fatiga extrema comenzó a disminuir y podía hacer cosas en la casa sin sentirme completamente agotada.

Después de seis meses, me hice las primeras pruebas de laboratorio y todo volvió a la normalidad. El único resultado fuera del rango normal fue el 25 (OH) D3, que estaba en 130 ng/ml. El límite se establece en 100 ng/ml. Pero ese resultado era esperado porque sabía que al seguir el Protocolo Coimbra, mis niveles de vitamina D podrían ser mucho más altos que eso.

Después de siete meses, los cambios realmente se activaron. Mi brazo derecho ya no estaba tan torpe, pude atarme un cordón de zapatos y sostener un vaso de agua sin derramarlo, mi pierna no se sentía tan débil como antes y el hormigueo en mis piernas desapareció, seguido del hormigueo en mi torso y brazos. Las mejoras tardaron siete meses en comenzar, pero una vez que empezaron, el progreso fue muy rápido. Nueve meses después de haber aumentado mi dosis, sentí que casi había vuelto a la normalidad. El único resquicio de la EM es un hormigueo constante en mi mano derecha y en mis dedos izquierdos, que nunca ha desaparecido y está conmigo hasta hoy. Mis mejoras se sintieron notables. Estaba extasiada y ansiosa por ver lo que mostrarían las resonancias magnéticas.

***

Durante esos meses, también me estaba enfrentando a un cuadro de ansiedad severa, que podría haber sido causada físicamente, por la enfermedad misma, o emocionalmente, por el estrés de la situación de salud en la que vivía. Mi médico de atención primaria me recetó un antidepresivo, pero creí que no fue suficiente, así que decidí buscar un terapeuta y encontré un psicoanalista maravilloso, que me apoyó, y al que veía semanalmente durante los siguientes dos años.

Esto no solo me ayudó con la ansiedad, sino que fue una de las mejores decisiones de mi vida. Obtuve autoconocimiento, crecí, aprendí y cambié. Me asusté menos de la enfermedad y creo que fue un paso importante hacia la cura.

Otra cosa que me ayudó en esos primeros meses fue la acupuntura. Alivió algunos de mis síntomas y me ayudó a dormir, lo que supuso una gran mejora para mi salud en general. También hice un esfuerzo para volver a hacer ejercicio, aunque solo fuera por unos minutos al día. Estaba decidida a hacer todo lo posible para volverme física y emocionalmente más saludable.

***

Cuando completé un año de tratamiento con vitamina D, volví a mi neuróloga y ella solicitó una resonancia magnética de la médula espinal y del cerebro. Ella no estaba tan entusiasmada como mi médico de atención primaria con mi experimento con la vitamina D, pero me dijo que mientras me mantuviera la copaxona y que mis pruebas clínicas estuvieran bien, no me diría que dejara el tratamiento con la vitamina. Recuerdo una ocasión en la ella que se ofreció para solicitar algunas de las pruebas necesarias para el Protocolo Coimbra, lo que provocó un gran revuelo en toda la clínica porque nadie sabía cómo solicitar la prueba de calciuria de 24 horas. No tenían el código en su sistema y, durante algunos minutos, todas las enfermeras y médicos se movilizaron para descubrir cómo obtenerlo. Tardé unos 20 minutos, pero al fin me fui con la solicitud para realizar mi prueba. Sé que he tenido mucha suerte con mis médicos convencionales, y les agradezco cada vez que nos reunimos.

En diciembre de 2009 hice mi primera resonancia magnética después de mi diagnóstico. Había estado tomando altas dosis de vitamina D durante unos 16 meses. Mi neuróloga me dio la buena noticia. No se constató ninguna actividad de la enfermedad. La resonancia magnética de mi cerebro mostró cinco o seis lesiones, sin cambios respecto a la anterior. En mi resonancia cervical anterior, habían constatado dos lesiones. Una grande entre C2 y C3, que mide 1,6 cm de longitud, y una más pequeña en C4. La grande seguía allí, sin cambios, pero la más pequeña había desaparecido por completo. Estaba encantada. Abracé a mi médica. En su pared, ví un artículo científico que no había visto en mis visitas anteriores, un estudio reciente sobre la vitamina D y la esclerosis múltiple. Salí de su consultorio con ganas de una gran celebración.

Entonces, a finales de 2009 las cosas iban bien. Mis síntomas habían mejorado mucho, las resonancias trajeron excelentes noticias, estaba haciendo psicoanálisis y acupuntura, y había vuelto a practicar deporte. También me había unido a dos comunidades virtuales, cuyos miembros eran en su mayoría pacientes del Dr. Coimbra. Con ellos, estaba aprendiendo mucho sobre el tratamiento. En esos grupos, encontré docenas de historias alentadoras, incluidos casos en que los pacientes habían llegado a la clínica del Dr. Coimbra muy enfermos, muchos de ellos después de luchar contra la enfermedad durante largos años, y algunos para quienes los medicamentos ya no tenían ningún efecto. Se recuperaron, se sintieron mejor y, para la mayoría de ellos, la enfermedad dejó de progresar.

Noté que esos pacientes tomaban entre 20.000 UI y 40.000 UI al día. Como acababa de realizar mi segunda ronda de pruebas de laboratorio y otra vez todo estaba bien (con los niveles de calcio en el rango normal), y como ya había programado mi primera cita con el Dr. Coimbra y lo vería en seis meses, decidí aumentar mi dosis a 20.000 UI al día.

Estaba empezando a creer que la esclerosis múltiple, mi enfermedad crónica, incurable y progresiva, podría ser superada.

***

A principios de 2010, me sentía tan bien que decidí relajarme un poco respecto a la estricta dieta Best Bet. Poco a poco reintroduje frijoles y legumbres, y en ocasiones incluso gluten. Como no me sentía peor, retomé los hábitos alimenticios que tenía antes de la EM, excepto que todavía evitaba todos los productos lácteos y los alimentos enriquecidos con calcio.

En junio de 2010 me hicieron mi tercera ronda de pruebas. Llevaría los resultados a mi cita con el Dr. Coimbra el mes siguiente. En julio, llegaron mis tan esperadas vacaciones de verano en Brasil. Estaba ansiosa por ver a todos mis familiares y amigos, además de conocer al médico que estaba cambiando mi vida.

Mi cita con el Dr. Coimbra duró tres horas. Tengo profunda admiración por este médico, tanto por su brillantez profesional, como por ser un ser humano tan maravilloso. He conocido muy pocas personas tan dedicadas a los demás como el Dr. Coimbra está dedicado al bienestar de sus pacientes. Durante mi cita, se aseguró de explicar en detalle por qué la vitamina D me hacía sentir mejor y por qué era tan eficaz en el tratamiento de trastornos autoinmunes. Hizo preguntas, sanó todas mis dudas y me dijo que estuviera actuando correctamente con la dieta y las pruebas de laboratorio. Me dijo que debería aumentar mi dosis a 25.000 UI al día.

Salí de su clínica con la confianza de haber encontrado un tratamiento que me mantendría sana durante muchos años.

***

De vuelta a los Estados Unidos, después de unas largas vacaciones en las hermosas playas de mi país, empecé a tomar 25.000 UI al día. Seguí sintiéndome bien durante algunos meses, hasta que comencé a experimentar mis primeros efectos secundarios de la copaxona. Durante una visita a mi médico de cabecera, se constató que mi presión arterial estaba un poco alta. Le mencioné que ocasionalmente experimentaba una sensación de aleteo en mi pecho, solo durante algunos segundos. Solicitó un electrocardiograma, cuyo resultado fue normal. Decidimos seguir observando la presión arterial, que se mantuvo alta. Los episodios de palpitaciones del corazón se hicieron más intensos, y pronto comencé a sentir una opresión en mi pecho. Pensé que estaba volviendo a tener problemas de ansiedad, aunque no podía entender por qué, ya que estaba en un buen momento en mi vida personal. Regresé al médico para preguntar si tal vez debería volver a tomar el antidepresivo (por entonces, ya lo había dejado). Le mencioné que realmente no me sentía ansiosa ni preocupada; mi mente se sentía tranquila, pero había una constricción constante en mi pecho. Estuvo mirando mis pruebas durante un rato y luego se dirigió a la computadora. Después de unos minutos, encontró lo que estaba buscando. Era la lista de efectos secundarios de la copaxona; señaló los efectos secundarios cardíacos. Eran presión arterial alta, palpitaciones del corazón y opresión en el pecho. Me dijo que debería hablar con mi neuróloga para dejar de tomar la medicación. Llamé a su oficina y dejé la copaxona ese mismo día. La opresión en el pecho desapareció en un par de semanas, la presión arterial tardó aproximadamente un año en volver a la normalidad. La sensación de aleteo comenzó a ocurrir con menos frecuencia: una vez por semana, luego una vez cada dos semanas, luego una vez cada pocos meses, hasta que desapareciera por completo.

Mi mayor sorpresa, sin embargo, fue que, poco después de dejar el medicamento, lo que todavía quedaba de mi fatiga desapareció. Había seguido el Protocolo Coimbra durante aproximadamente dos años y todavía tenía un ligero cansancio, pero, tras unas pocas semanas sin copaxona, volví al gimnasio con toda la energía, levantando tanto peso como antes del diagnóstico, sintiéndome fuerte y llena de energía. Así, dejé totalmente de tomar medicamentos convencionales para la esclerosis múltiple.

***

A principios de 2011, volví a hacer resonancias. Para entonces, yo había estado en el Protocolo Coimbra durante dos años y medio. No hubo ningún cambio significativo ni en el cerebro ni en la resonancia magnética cervical. Mis pruebas de laboratorio también fueron excelentes. Honestamente, puedo decir que la única razón por la que recordaba ser paciente de EM fue el trabajo que estaba haciendo en las redes sociales, donde describía mi experiencia con la vitamina D a todas las personas interesadas.

Este fue también el año en que comencé a investigar las dietas paleo para la esclerosis múltiple y encontré la historia de recuperación del Dr. Terry Wahls en la red. Antes de la EM, había sido vegetariana durante más de una década. Debido a la dieta Best Bet, había vuelto a comer pescado y mariscos. Al leer sobre las dietas paleo, comencé a preguntarme si debería volver a comer carne roja y pollo también, pero poco sabía que antes de que pudiera decidir, mi cuerpo tomaría la decisión por mí. Hablaré más sobre cómo dejé de ser vegetariana en el próximo capítulo.

Antes de que terminara 2011, tuve un problema de salud que no estaba directamente relacionado con la esclerosis múltiple y que me obligó a repensar mi dieta. Creo que mi experiencia puede ser útil para muchas personas, principalmente aquellas con enfermedades autoinmunes, por lo que la compartiré en el próximo capítulo.

***

En 2012, me descuidé un poco respecto mi restricción a productos lácteos. Creo que me había quedado demasiado segura con los resultados de las continuas pruebas que hice durante casi cuatro años de tratamiento y empecé a comer pizza muy a menudo. Las consecuencias fueron que en mi próxima ronda de pruebas mi calcio ionizado regresó al límite máximo normal, 1,4 mmol/L. Todavía normal, pero en el límite. Mi calcio total y calciuria estaban dentro del rango normal. Inmediatamente, reduje mi consumo de lácteos y repetí la prueba tres semanas después; Esta vez los resultados fueron los que deberían ser, 1,32 mmol/L. Aprendí la lección.

A lo largo de 2012, seguí sintiéndome bien, sin manifestaciones de EM, excepto el hormigueo ocasional en mis manos y brazos, que parecía empeorar con el ejercicio o la exposición al calor. Con los años, me he acostumbrado a este síntoma; viene y va, sin jamás dejar evidencias en las pruebas de imagen. Es probable que sea un vestigio de los síntomas antiguos, resultado del daño causado en mi médula espinal por la gran lesión entre C2 y C3.

Este fue también el año en que se incrementaron las dosis prescritas en el Protocolo Coimbra. Como seguía a los grupos de discusión en internet, noté que a los pacientes nuevos se les prescribían dosis más altas, y los pacientes antiguos que regresaban en su cita de retorno, por lo general, recibían dosis más altas. En lugar de oscilar entre 20.000 UI y 40.000 UI, las dosis ahora comenzaban en 40.000 UI y podrían ser mucho más altas que eso.

Hasta entonces, los pacientes tomaban dosis que mantenían sus niveles de PTH en alrededor de 20 pg/ml. Pero después de una observación cuidadosa de los pacientes durante 10 años, el Dr. Coimbra notó que la dosis individual ideal de vitamina D debería llevar la PTH a su nivel mínimo normal. Es entonces cuando se supera la resistencia a la vitamina D y esta hormona puede funcionar a su máximo potencial a nivel celular, como el inmunomodulador más potente que produce nuestro cuerpo.

.

***

En el laboratorio donde realizo mis pruebas, el rango indicado para PTH es de 11 a 80 pg/ml. A principios de 2013, le escribí un correo al Dr. Coimbra haciéndole saber que en mis últimas pruebas mi nivel de PTH era de 23 pg/ml. Después de revisar los resultados, decidió aumentar mi dosis diaria de 25.000 UI a 50.000 UI. Mis siguientes pruebas, hechas después de seis meses, mostraron que la PTH había bajado a 18 pg/ml. Todavía no se redujo al mínimo, por lo que mi dosis de vitamina D podría aumentarse aún más. Pero me sentía bien y sabía que el Dr. Coimbra estaba extremadamente ocupado; por lo tanto, decidí no contactarlo nuevamente y seguí tomando 50.000 UI diariamente.

En octubre de 2013, me volvieron a hacer resonancias magnéticas. Ahora llevaba más de cinco años siguiendo el Protocolo Coimbra. Los resultados fueron los mismos de antes. Sin cambios significativos, sin nuevas lesiones, sin realce con contraste y sin actividad de la enfermedad. En esa cita, mi neuróloga dijo que, con base en las resonancias, ella no recomendaría que probara ningún otro medicamento convencional para la EM en ese momento, y que debería seguir haciendo exactamente lo que estaba haciendo. De repente, hacer una resonancia magnética ya no era tan aterrador. Cada vez que salía del consultorio de mi médica, tenía un motivo de celebración.

El año siguiente, 2014, fue excelente. Programé una cita con el Dr. Coimbra para julio, durante mis vacaciones de verano, pero tuve que cancelarla porque fue imposible encontrar billetes para Brasil durante el Mundial de Fútbol. Como no tenía problemas de salud importantes y todos los resultados de mis pruebas se encontraban en el rango normal, decidí posponer la cita por otro año.

***

Ya era el primer trimestre de 2015, y había estado siguiendo el Protocolo Coimbra durante casi siete años. Una prueba de densidad ósea mostró que tenía osteopenia, lo que significaba que mi densidad ósea era más baja que la densidad máxima normal, pero no lo suficientemente baja como para ser clasificada como osteoporosis. Además de las altas dosis de vitamina D, otro factor que puede haber contribuido a mi pérdida ósea fue mi edad. Tenía 47 años y estaba en la perimenopausia. Era un problema muy moderado, pero me hizo darme cuenta de que, si quería evitar los medicamentos para la osteoporosis, tenía que tomar en serio los ejercicios cardiovasculares. En ese momento, mi rutina de cardio consistía en 20 minutos de calentamiento antes de las pesas, y solo unas tres veces por semana. Lo aumenté a 30 - 45 minutos, al menos cinco veces a la semana.

Para entonces, estaba decidida a tener mi segunda cita con el Dr. Coimbra. ¡Habían pasado cinco años desde mi primera y única cita! Lo programé para la primera semana de julio. En preparación para ello, repetí una vez más todos los análisis de sangre y orina, que obtuvieron excelentes resultados, y fui a ver a mi neuróloga para que pudiera solicitar nuevas resonancias.

Esta vez las resonancias magnéticas trajeron noticias todavía mejores. Si bien no hubo cambios significativos en la resonancia magnética cerebral, hubo un pequeño cambio en mi resonancia magnética cervical. ¡Mi lesión, entre C2 y C3, se redujo en 2 mm! Había bajado de 1,6 cm a 1,4 cm, lo que significaba que gané volumen espinal después de muchos años sin presentar cambios en las resonancias. Supuse que la lesión ya era una cicatriz y que ya no cambiaría, por lo que fue una gran sorpresa.

¿Qué hubo exactamente en los últimos dos años que podría explicar porque mi lesión, de repente, empezara a remielinizarse? Lo que sucedió fue que, en 2013, el año en que había realizado mis resonancias anteriores, mi dosis de vitamina D había aumentado de 25.000 UI a 50.000 UI al día. No tengo ninguna duda de que llegar a la dosis y niveles correctos para mí permitió que la vitamina D se volviera mucho más efectiva en mi organismo. No me sorprendería si mis lesiones siguieran remielinizándose.

Antes de hacer esta ronda de resonancias magnéticas, estaba un poco preocupada porque había sentido más hormigueo de lo normal en mis manos y brazos. Cuando los resultados mostraron que no tenía actividad de la enfermedad (¡solo buena actividad!), mi neuróloga intentó asegurarme de que lo que sentía eran exacerbaciones de mis síntomas. Sin embargo, pidió un electromiograma para investigarlo más a fondo. Para mi sorpresa, el electromiograma detectó un caso sutil de túnel carpiano, bien como túnel cubital, tanto en las muñecas como en los codos. Esto podría explicar algunos de los hormigueos que algunas veces experimenté.

Tras descubrir que tenía síndromes de túnel carpiano y cubital, me di cuenta de lo importante que es acordarse de que no todos nuestros problemas son consecuencia de nuestra condición autoinmune. Podemos tener una serie de problemas de salud no relacionados con nuestra enfermedad específica, y algunas veces no se diagnostican porque asumimos que ya sabemos lo que los está causando. El diagnóstico de estos problemas secundarios puede hacer una gran diferencia en nuestra salud en general y también puede hacer nuestra vida mucho más fácil. Al prestar atención a la postura de mis manos y codos, pude deshacerme de algunos de los hormigueos que estaba experimentando.

Volviendo a mi última resonancia magnética, la reducción de mi lesión no fue la única buena noticia que recibí ese día. Por primera vez los resultados regresaron con un análisis de pérdida de materia gris. El conocimiento de que los pacientes con esclerosis múltiple pierden materia gris es reciente. Esto significa que, además de perder el escudo de mielina, los pacientes con EM también pierden neuronas y las conexiones entre ellas más rápidamente que el resto de la población, lo que provoca una contracción del cerebro o atrofia cerebral. Esto puede explicar la progresión de las discapacidades cognitivas y físicas, incluso si no se detectan nuevas lesiones.

Una comparación de todas mis resonancias mostró una pequeña pérdida de materia gris en el primer año después de mi diagnóstico, pero ninguna pérdida en los últimos seis años. La pérdida había ocurrido durante el período en el que aún no estaba tomando vitamina D o estaba tomando una dosis baja. Una vez que comencé el Protocolo Coimbra, mis neuronas permanecieron intactas. Por casualidad, mientras escribo este capítulo, se acaba de publicar el primer estudio que muestra que el estado de la vitamina D se asocia positivamente con el volumen de materia gris en pacientes con esclerosis múltiple. El estudio, publicado en el European Journal of Neurology, encontró que cada aumento de 10 ng/ml en los niveles de vitamina D se asocia con un aumento de 7,8 ml en el volumen de materia gris.

Después de siete años, no tuve atrofia cerebral ni actividad de la enfermedad, mi gran lesión cervical se estaba reduciendo y estaba libre de los numerosos problemas de salud causados por los medicamentos convencionales. Me sentí feliz y optimista. Sí, por cierto, estaba en el buen camino.

***

Reuní todas mis pruebas y fui a Brasil para mi segunda cita con el Dr. Coimbra. A lo largo de los años, estuvimos en contacto, pero fue bueno verlo otra vez, hacer preguntas y mostrarle mis últimos resultados. Incluso me había hecho una ecografía de los riñones y el tracto urinario, solo para asegurarme de que no había señal de cálculos renales. El Dr. Coimbra estaba muy satisfecho con los resultados; sin embargo, notó que incluso con la dosis aumentada de 50.000 UI diarias, mi PTH todavía era 18 pg/ml. Dijo que se sentiría más cómodo, y que estaría realmente protegida de la actividad de la enfermedad, solo cuando la PTH fuera 11 pg/ml, el nivel normal mínimo indicado por mi laboratorio.

Cuando le dije que a veces el hormigueo en mis brazos y manos se sentía más intenso, dijo que era posible que esos síntomas no solo fueran una exacerbación de los viejos síntomas o causados por los síndromes del carpo y el cubital. Podría ser que todavía estaba experimentando una actividad sutil de la EM, lo que estaba sucediendo porque durante los siete años de tratamiento no había alcanzado mi dosis ideal. La actividad no fue suficiente para ser detectada por las resonancias magnéticas, pero a largo plazo podría causar algún daño.

Si se trataba de actividad de la enfermedad, quería saber qué otra cosa podría estar causándola, además de mis niveles de vitamina D. Él me hizo algunas preguntas. ¿Estaba deprimida o estresada constantemente? ¿Tenía infecciones frecuentes? ¿Tomaba duchas muy calientes a menudo? La respuesta a las dos primeras preguntas fue no; a la última pregunta fue sí. Solía tomar dos duchas largas y muy calientes al día. Además, solía remojarme en jacuzzis cuando tenía la oportunidad. El Dr. Coimbra me recomendó que cambiara esos hábitos. Según él, este es un problema común entre los pacientes que toman altas dosis de vitamina D, porque la mayoría de nosotros no tenemos ninguna intolerancia al calor. Por lo tanto, generalmente nos exponemos al calor con más frecuencia que otros pacientes con EM. Pero a pesar de que no nos sentimos letárgicos o cansados al hacerlo, nuestro cuerpo puede interpretar el abrupto cambio de temperatura como una fiebre y activar el sistema inmunológico. Si esto ocurre constantemente, además de la exacerbación de los síntomas anteriores, una exposición excesiva al calor puede promover la actividad de la enfermedad. Con el tiempo, esto puede provocar nuevos síntomas, incluso si son moderados. El Dr. Coimbra no estaba seguro de si estaba teniendo actividad de la enfermedad, pero para estar seguro, decidió aumentar mi dosis diaria a 60.000 UI y me recomendó que evitara exponerme al calor a partir de ese momento.

Una vez más, mi cita duró tres horas, durante las que él contestó pacientemente la larga lista de preguntas que había llevado conmigo. Al final, me fui con todas las respuestas que necesitaba, y más segura que nunca de haber encontrado "el" tratamiento para la EM.

Después de dejar la clínica del Dr. Coimbra, tuve una noche muy especial en São Paulo. Salí a cenar con docenas de otros pacientes que seguían el Protocolo Coimbra. Muchos de ellos los conocía desde hace muchos años en las redes sociales, y algunos de ellos eran compañeros administradores de grupos que promovemos en Facebook. Esa noche pude conocer personalmente a pacientes que habían estado en el protocolo durante trece, diez, ocho años, sin ninguna manifestación de la enfermedad. Ese fue un excelente día para mí.

***

Tras regresar a los EE. UU., aumenté mi dosis diaria a 60.000 UI, y seis meses después, mis niveles de PTH llegaron finalmente, por primera vez desde que comencé el tratamiento, a 11 pg/ml, el nivel mínimo normal. Como de costumbre, todos mis demás resultados de laboratorio estaban dentro del rango normal. Me despedí de mis deliciosas duchas de agua caliente. Además, cuando hacía mis ejercicios de cardio, la temperatura de mi cuerpo aumentaba mucho, así que compré un pequeño ventilador USB y empecé a llevarlo al gimnasio. Lo utilizaba en la máquina elíptica y en la cinta, y me ayudaba a mantenerme más fresca durante el ejercicio. Poner una toalla mojada alrededor de los hombros también es una buena idea.

Dos meses después de aumentar la dosis de vitamina D y parar con las duchas de agua caliente, los episodios de hormigueo comenzaron a ser más raros. No sé si realmente se tratara de algún tipo de actividad de la enfermedad o simplemente una exacerbación de los síntomas antiguos. De cualquier manera, seguir las recomendaciones del Dr. Coimbra alivió el problema. Ahora, experimento el hormigueo muy ocasionalmente, sobre todo cuando me esfuerzo demasiado en el gimnasio. No tengo otros síntomas o problemas con la EM.

Hasta ahora, esta ha sido mi experiencia con altas dosis de vitamina D. Tengo la intención de actualizar este libro a medida que vaya obteniendo más resultados de las pruebas de laboratorio. En unos meses, repetiré la prueba de densidad ósea. Mi esperanza es que pueda mantenerme alejada de los medicamentos y revertir la pérdida ósea exclusivamente con ejercicios. En cuanto a las resonancias magnéticas, a menos que experimente nuevos síntomas, no pretendo que se realicen durante algunos años. Creo que es hora de darle a mi cerebro un descanso de todo ese contraste. Estoy muy contenta con mi tratamiento y mis planes por ahora son seguir los consejos de mi neuróloga aquí en los Estados Unidos. Seguiré haciendo exactamente lo que estoy haciendo.

***

Actualización: hoy, en 2019, cumplen 11 años desde que inicié el Protocolo Coimbra. No he realizado nuevas resonancias magnéticas después de las descritas en este libro. Tengo la intención de volver a hacerlos en 2020, solo por curiosidad, ya que no he experimentado nuevos síntomas y en el último año mis síntomas anteriores se han vuelto todavía más sutiles. Todas las pruebas de densidad ósea han regresado exactamente como la primera, y no muestran ganancia de masa ósea pero tampoco pérdida. Como mi médico de atención primaria me ha dicho en mis citas más recientes, ahora está claro que este tratamiento es un éxito.

Capítulo 6

"Si no puedes hacer el bien, por lo menos no hagas daño."
Hipócrates

Por qué el Ácido Gástrico es bueno para usted

El título de este capítulo es el título de un libro escrito por el Dr. Jonathan Wright[12], que no puedo dejar de recomendar. Si usted tiene una enfermedad autoinmune, es probable que tenga algún tipo de problema digestivo, incluso si todavía no lo sabe. El doctor Wright nos presenta informaciones importantes sobre la curación de muchos de estos graves problemas potenciales y nos da una perspectiva esclarecedora de cómo podrían desencadenar enfermedades autoinmunes.

La experiencia de la que hablaré en este capítulo fue el único problema de salud que tuve durante los ocho años desde mi diagnóstico de EM. Quiero compartirla porque se relaciona con un problema que muchos pacientes con trastornos autoinmunes pueden tener hasta cierto punto, a menudo sin darse cuenta. También lo estoy compartiendo para enfatizar cuán importante es estar bien informado sobre nuestros problemas de salud, buscar la segunda y tercera opinión y pensar fuera de la caja cuando no sentimos que nos están ayudando a través de la medicina convencional. El problema que tuve no era realmente serio, hasta que empecé a ir a gastroenterólogos y a seguir el tratamiento que me recomendaron. Fue solo entonces que me quedé enferma. Muy enferma.

Unos años antes de mi diagnóstico de esclerosis múltiple, empecé a experimentar algunas molestias digestivas menores. No me preocupaba mucho, hasta que, en 2011 empezó a volverse más molesto. Me sentía aletargada después de comer, a menudo tenía episodios de diarrea o estreñimiento, y comencé a sufrir de reflujo ácido. Decidí que era hora de ver a un especialista.

En los dos meses que tardé en obtener la cita con un gastroenterólogo, mi reflujo ácido se convirtió en un sabor amargo constante en mi boca. No experimenté acidez estomacal, el tipo más común de reflujo, ya que tenía LPR: reflujo laringofaríngeo. En este tipo de reflujo, el ácido del estómago se acumula en la garganta (faringe) o en la caja de la voz (laringe), o incluso en la parte posterior de la vía aérea nasal, y puede causar inflamación en áreas que no están protegidas contra el ácido gástrico.

Cuando llegué a la médica, le mencioné que a todo momento sentía un sabor amargo en mi boca y también una sensación de nudo en la garganta. No importaba si comía o no, si estaba de pie o acostada, o incluso si tomaba antiácidos. Ella solicitó algunas pruebas y me dio una receta para omeprazol, un inhibidor de la bomba de protones que bloquea la enzima responsable de producir ácido gástrico.

Tan pronto como comencé a tomar omeprazol, las cosas empeoraron. Esto fue alrededor de las fiestas de fin de año y mi esposo y yo tuvimos que cancelar nuestros planes para las vacaciones porque para entonces, además del constante reflujo, tenía dificultades para comer. Incluso cuando tenía hambre, me llenaba con muy poca comida.

Entonces, empecé a hacer lo que ya había aprendido tan bien, investigar los síntomas por mi propia cuenta. Encontré varios foros en internet donde las personas hablaban de síntomas muy similares a los míos y muchos de ellos tenían una afección llamada hipoclorhidria o bajo ácido estomacal. Esta es una condición médica conocida, catalogada en la literatura médica; sin embargo, los médicos convencionales en su mayoría la ignoran, insistiendo en que el ácido gástrico tiene poco valor para nuestra salud y que es posible que ni siquiera lo necesitemos para la digestión. Probablemente por eso es tan fácil para ellos recetar supresores de ácido ante cualquier signo de molestia digestiva. En la mayoría de los hospitales convencionales, ni siquiera existe una prueba para diagnosticar la hipoclorhidria.

En mi siguiente cita, le pregunté a la gastroenteróloga acerca de la posibilidad de que mi problema fuera el ácido estomacal. Me miró como si no entendiera mi pregunta. Ella dijo que programaría una endoscopia y evaluaría mi pH, el nivel de acidez en mi estómago, pero que no medir la cantidad real de ácido en mi estómago no era algo posible. Le expliqué que antes de comenzar a tomar omeprazol no tenía dificultad para comer; fue solo después de que empecé a tomar el bloqueador de ácido cuando me sentí hinchada al intentar comer. Me preguntaba si tal vez estaba teniendo problemas para comer porque mi estómago no tenía ácido para digerir la comida. Además, el omeprazol no parecía estar ayudando con el reflujo, pues seguía con aquel sabor amargo en mi boca. Un poco más débil, pero sigue ahí. Su respuesta fue que teníamos que seguir buscando lo que estaba mal y que el medicamento no me impedía comer, ya que el estómago podía digerir los alimentos incluso con una cantidad muy pequeña de ácido. Ella cambió mi receta a

Pepcid, otro tipo de bloqueador de ácido. Empecé a tomar 80 mg al día, la dosis máxima permitida.

Un mes después de mi primera cita con esta doctora, había perdido 5,5 quilos. Para entonces, mi dificultad para comer era tal que horneaba una patata por la mañana, la dejaba en la barra de la cocina y trataba de terminar de comerla antes de acostarme por la noche. Pedí una licencia del trabajo; tenía que acostarme constantemente para descansar.

Necesitaba una segunda opinión, así que pedí una cita con el director de gastroenterología en uno de los tres hospitales principales de Nuevo México. Llegué a su consulta con mis registros médicos, que para entonces tenían docenas de páginas. Me habían realizado una colonoscopia, endoscopia, numerosas pruebas de laboratorio, pruebas de glándulas suprarrenales, ecografía abdominal, ecografía de tiroides, pruebas de enfermedad celíaca y tomografía computarizada de abdomen. Todo era normal, incluido el nivel de pH en mi estómago.

Estaba empezando a tener flash backs de mi diagnóstico de EM, cuando las pruebas demostraban resultados normales, pero yo me sentía peor a cada día. Volví a tener ataques de ansiedad con toda fuerza; No solo tenía miedo de mis problemas digestivos sino también de tener un brote de EM en medio de al estrés que estaba experimentando.

El nuevo gastroenterólogo solicitó más pruebas, esta vez un estudio de vaciamiento gástrico, manometría esofágica, pH esofágico, entre otros. Una vez más pregunté sobre la posibilidad de que mi problema fuera el bajo nivel de ácido estomacal, y él me dio la misma respuesta que recibí de la médica anterior. Le pregunté si debía intentar dejar de tomar Pepcid por algún tiempo para ver si al menos podía tener menos problemas para comer. Me dijo que sería mejor esperar los resultados de las pruebas para ver si podíamos averiguar qué estaba causando todos mis síntomas y que debería tomar el medicamento para mantener el ácido lejos de mi garganta y boca. Me dijo que a veces pasaban muchas semanas hasta que la medicación fuera completamente efectiva y me instruyó que comenzara a consumir solo alimentos líquidos.

Estaba muy disgustada con la manera en que se estaba tratando mi caso. Hasta aquel momento, el tratamiento me estaba haciendo sentir peor, no mejor. Quería dejar de tomar bloqueadores de ácido e intentar tomar suplementos de ácido en su lugar, pero mi garganta y mi boca estaban tan inflamadas que no me sentía segura de cambiar de tratamiento sin las instrucciones de un médico. Tenía miedo de intentarlo y empeorar el problema.

Entonces, me había enterado de que en los EE. UU., los médicos de medicina funcional y naturopática suelen tratar el reflujo con suplementos de ácido, y solo hay un puñado de clínicas en todo el país que realizan la prueba de Heidelberg, que se considera la más precisa para verificar los niveles de acidez estomacal. El centro más cercano a Albuquerque estaba en Scottsdale, AZ.

Recibí los resultados del vaciamiento gástrico. Sufría de vaciamiento gástrico retardado. El médico dijo que probablemente tenía gastroparesia, un trastorno en el que el movimiento de los músculos (motilidad) en el estómago se ve comprometido, generalmente debido a daño en los nervios. Sugirió que podría haber sido causado por mi esclerosis múltiple. Estaba aterrada. Llamé al Dr. Coimbra inmediatamente. Me aseguró que mis problemas digestivos no tenían nada que ver con la esclerosis múltiple y sugirió abiertamente que buscara un gastroenterólogo diferente.

También me dijo que me hiciera una resonancia magnética, solo para asegurarme de que la EM no estaba afectando mis órganos internos. Fui a ver a mi neuróloga y, para mi alivio, ella estaba completamente de acuerdo con el Dr. Coimbra; de hecho, estaba muy molesta con la sugerencia del gastroenterólogo de que la esclerosis múltiple podría estar afectando mi estómago. Sin embargo, ella ordenó resonancias magnéticas de todo mi sistema nervioso. La resonancia magnética no se modificó, no hubo actividad de la EM. Me sentí aliviada pero no con ganas de celebrarlo.

A pesar de que las resonancias estaban bien, estaba muy preocupada por la esclerosis múltiple, porque había dejado de tomar mis suplementos, incluida la vitamina D. Mi estómago no aceptaba el aceite en las cápsulas y ya no podía beber los 2,5L de agua requeridos por el tratamiento. Sin la vitamina D y con la agitación física y emocional que estaba experimentando, creía que era solo cuestión de tiempo hasta que tuviera una recaída.

Regresé al gastroenterólogo con la información de que mis resonancias no mostraron ninguna actividad de EM. Me dijo que podría tener una gastroparesia idiopática, lo que significa que el problema tenía una causa desconocida. Le pregunté si existía la posibilidad de que mi problema, desde el principio, hubiera sido hipoclorhidria, una afección médica conocida, y que la enorme cantidad de supresores de ácido que había estado tomando afectara mi digestión. Él insistió en que sería muy poco probable. Quería que rehiciera el estudio del vaciamiento gástrico y una serie de otras pruebas. Le dejé hacer la solicitación para más pruebas, pero ya no estaba prestando atención a lo que estaba diciendo. Había sido suficiente. Salí de su oficina y llamé a la clínica del Dr. Samuel Walters, en Scottsdale, para pedir una prueba de Heidelberg.

***

Quería ver al Dr. Walters inmediatamente, pero me dijeron que tenía que dejar de tomar el bloqueador de ácido durante al menos cinco días antes de la prueba. Fui la semana siguiente. Como tendría que ir a Scottsdale, también programé una cita con un especialista en problemas esofágicos en la Clínica Mayo, como medida de precaución. Mi esposo y yo estábamos sentados en la sala de espera cuando el Dr. Walters entró con una enorme cantidad de papeles en la mano: mis registros médicos. Se presentó y dijo que estaba casi seguro de que mi problema eran los bajos niveles ácido gástrico, por lo que quería que me hicieran la prueba de Heidelberg antes de nuestra cita. La prueba consistió en tragar una cápsula que mide los niveles de ácido y transmite la información a una computadora. No había ningún hilo atado a la cápsula, era solo una pequeña pastilla transmisora de metal. Me la tragué y en pocos minutos apareció la señal de ubicación en la pantalla. El técnico midió mi nivel de pH, que era normal, muy bajo y ácido, como debería ser. Luego me dio medio vaso de bicarbonato de sodio para beber. El pH subió de inmediato. Un estómago normal tarda unos 20 minutos en volver a acidificarse, pero esperamos casi una hora. Mi estómago simplemente no estaba produciendo ningún ácido. Me sentí muy feliz porque no tenía gastroparesia.

El Dr. Walters dijo que casi podría diagnosticarme aclorhidria, una condición en la que la producción de ácido está completamente ausente. Pero decidió esperar más tiempo del requerido para la realización de la prueba y después de una hora, el pH finalmente comenzó a bajar. Lo que tenía era un caso grave de hipoclorhidria, es decir muy baja producción de ácido.

***

A lo largo de los años, el poco ácido que mi estómago producía era suficiente para digerir parcialmente los alimentos. Esa fue la razón por la que había estado experimentando molestias digestivas durante algún tiempo. Pero cuando me recetaron potentes bloqueadores de ácido, mi estómago ya ni siquiera podía digerir parcialmente los alimentos, y simplemente comenzó a tardar horas para deshacerse del contenido que debería haber digerido en minutos. La causa principal de mi reflujo constante era el tiempo de digestión de la comida en mi estómago. A pesar de todo, estaba extremadamente feliz con los resultados de las pruebas. Ahora podría hacer algo al respecto y seguir el tratamiento adecuado.

***

El ácido estomacal bajo no es una condición infrecuente. La dieta, algunas enfermedades y las drogas, entre otras cosas, pueden causarla, y va empeorando con la edad. Cuanto más envejecemos, menos ácido produce nuestro estómago. Por eso, la mayoría de las personas mayores sufren de reflujo ácido. De hecho, la mayoría de los casos de reflujo ya sea acidez estomacal o LPR, son causados por la deficiencia de ácido, no por exceso.

Desafortunadamente, la mayoría de los médicos convencionales simplemente ignoran décadas de investigación científica que muestran que el ácido estomacal bajo está vinculado a una amplia gama de enfermedades graves, crónicas e incurables, incluidas las enfermedades autoinmunes.

En los últimos años, la teoría de que el síndrome del intestino permeable desempeña un papel en la autoinmunidad ha ido ganando popularidad en la comunidad científica. Un estudio reciente publicado por investigadores de la Universidad de Lund en Suecia ha demostrado una conexión entre el aumento de la permeabilidad de los intestinos y la esclerosis múltiple. El estudio, realizado en ratones infectados con una enfermedad similar a la EM, mostró que no solo se observó la respuesta inflamatoria del intestino permeable en los ratones, sino que también pareció aumentar a medida que avanzaba la esclerosis múltiple, y ambas afecciones contribuían al aumento de la inflamación. El ácido estomacal bajo se considera un factor primario en el síndrome del intestino permeable.[13]

Uno de los problemas generados por el ácido estomacal bajo, que contribuye con la mala salud del intestino, es la comida no digerida. Las proteínas y los almidones complejos se digieren y se asimilan solo con niveles saludables de ácido en el estómago. Cuando la comida pasa por el estómago sin ser digerida se convierte en alimento para organismos nocivos como la cándida. A medida que el equilibrio de la flora intestinal cambia, la digestión se ve afectada y el revestimiento del intestino se debilita.

Además, el bajo nivel de ácido estomacal permite que las bacterias dañinas pasen del estómago a los intestinos. Cuando el estómago produce suficiente ácido, el ambiente ácido mata estas bacterias rápidamente. Cuando los niveles de ácido son demasiado bajos, ellas sobreviven y pasan a los intestinos, donde causan muchos problemas, incluido el síndrome del intestino permeable.

***

Afortunadamente, el bajo nivel de ácido estomacal es muy fácil de tratar. Empecé tomando enzimas proteolíticas con cada comida, y poco después comencé a tomar suplementos del propio ácido - Betaine HCL. El Dr. Walters me indicó que comiera solo alimentos sólidos y que evitara tomar líquidos con mis comidas. Según él, la comida líquida sugerida por el otro médico estaba diluyendo el poco ácido que podía producir mi estómago y comprometiendo aún más mi digestión. No es de extrañar que me haya enfermado tanto. Los gastroenterólogos me habían recetado exactamente el tratamiento opuesto a lo que necesitaba. En lugar de suplementos ácidos, potentes bloqueadores de ácidos. En lugar de alimentos sólidos sin líquidos durante las comidas, su recomendación fue que yo solo ingiriera alimentos líquidos.

Después de dejar la clínica del Dr. Walters, cancelé la cita en la Clínica Mayo y regresé a Albuquerque. Desde el primer día tomando enzimas, pude comer pequeñas porciones de alimentos sólidos sin sentirme hinchada. Lentamente el reflujo mejoró. Los síntomas, como la sensación de tener un nudo en la garganta y el sabor amargo de mi boca, desaparecieron, mi lengua se volvió de blanco a rosa y comencé a recuperar mi peso. El reflujo desapareció por completo después que empecé a tomar el suplemento de HCL.

En la mayoría de los casos de reflujo ácido, los bloqueadores de ácido encubren los síntomas. En mi caso, ni siquiera cubrieron los síntomas porque había muy poco ácido en mi reflujo. Estaba teniendo principalmente reflujo de bilis y otros contenidos estomacales. Al final, a pesar de la difícil experiencia por la que pasé, menos mal que los bloqueadores del ácido no enmascararan mis síntomas. De esta manera, me vi obligada a buscar una solución y llegar a la causa del problema, en lugar de tomar antiácidos cada vez que tenía una molestia digestiva.

Después de tomar enzimas y HCL durante tres años, noté que podía reducir la cantidad de cápsulas con cada comida sin presentar ningún síntoma. Creo que esto significa que mi estómago está produciendo más ácido por sí mismo. El Dr. Walters me había dicho que esto podría suceder, pero no había forma de predecir si lo haría. Hasta ahora, he podido reducir la cantidad de HCL y enzimas a la mitad de lo que estaba tomando antes. Desde que comencé a hacer este tratamiento sencillo, nunca he vuelto a tener un episodio de reflujo ácido. No importa qué o cuánto coma, mi estómago puede manejarlo. Les digo a mis amigos que ahora tengo la misma digestión que tenía cuando era adolescente, y es verdad.

***

Justo antes de tener este problema, estaba considerando la idea de reintroducir carne en mi dieta. Con esta experiencia, me di cuenta de la importancia del sistema digestivo para mi salud en general y específicamente para el control de mi esclerosis múltiple. Aprendí que muchos médicos consideran que las dietas vegetarianas son una de las principales causas del bajo nivel de ácido estomacal, y decidí dar un paso más en mi búsqueda de una dieta verdaderamente equilibrada, que fuera nutritiva para mis células y sana para mi intestino. Empecé a centrar mis hábitos alimenticios en alimentos integrales. Actualmente como pescado, mariscos, pollo, carnes rojas y de vísceras, así como huevos, mucha verdura y algo de fruta. Intento comer alimentos orgánicos y de pasto siempre que sea posible. Reduje la cantidad de granos y gluten, y evito el azúcar y los alimentos procesados. También evito los productos lácteos, ya que es un requisito del Protocolo Coimbra. Creo que los cambios que hice en mi dieta también pueden estar ayudando mi estómago a volver a producir ácido.

***

Durante todo este problema de salud, mi esclerosis múltiple permaneció en remisión. Sentí un poco más de hormigueo en mis manos durante algunos meses, pero las resonancias no detectaron nada en aquel momento, ni después. Me sentí muy aliviada cuando pude volver a tomar la vitamina D.

Desde el día en que fui al primer gastroenterólogo hasta el día de mi cita con el Dr. Walters, habían pasado menos de dos meses, pero para mí, lo sentía como si hubiera sido mucho más. Todavía me sorprendo cuando pienso en lo que me sucedió durante esas pocas semanas. Todo lo que necesitaba era un par de suplementos económicos que se pueden encontrar en cualquier tienda de salud. En cambio, gasté una pequeña fortuna en exámenes médicos, perdí mucho peso en poco tiempo, tuve ataques de ansiedad pensando en la posibilidad de un diagnóstico de gastroparesia, me vi obligada a dejar de tomar vitamina D y, por lo tanto, estuve expuesta al riesgo de tener una recaída de la EM, y perdí muchos días de trabajo. Lo peor de todo es pensar que los gastroenterólogos no hicieron nada malo a los ojos de la medicina convencional. Siguieron el protocolo estándar. Si uno tiene reflujo ácido, obtendrá una prescripción para antiácidos.

Le recomiendo que busque más información sobre este tema. Como dice el Dr. Wright en su libro, "el bajo nivel de ácido estomacal es tan común en cualquier condición autoinmune que nos sorprendemos cuando no lo encontramos. La corrección del ácido estomacal bajo u otro mal funcionamiento digestivo puede resultar en una mejora importante en la enfermedad autoinmune."[14] Encontrar una solución para este problema ha llevado a mi salud a un nivel completamente nuevo, y es por eso que decidí escribir este capítulo y compartir esta experiencia.

Capítulo 7

"Debido a que no se obtienen ganancias con la venta de tratamientos naturales, la industria farmacéutica, que controla la gran mayoría de la investigación médica en los Estados Unidos, nunca los investigará ni los fabricará. De hecho, harán todo lo posible para despreciarlos, ya que, si se supiera que existen, los tratamientos naturales podrían amenazar a su fortaleza en la práctica de la medicina."
Dr. Jonathan V. Wright

Algunas informaciones acerca de los medicamentos convencionales

Me gustaría empezar este capítulo diciendo que no estoy en contra de los medicamentos convencionales para la esclerosis múltiple o para ninguna otra afección. Por el contrario, tomé copaxona durante casi dos años cuando creí que podría ayudarme. Después de mi diagnóstico de EM tomé un antidepresivo que hizo maravillas para mi ansiedad. Incluso cuando tuve la esperanza de que los bloqueadores del ácido, que al fin me causaron tanto daño, aliviarían mis síntomas, los tomé.

Pero cuando se trata de enfermedades autoinmunes, ahora sé que hay mucho más que podemos hacer, utilizando medios más seguros para tratar las causas subyacentes del problema, como la inflamación crónica y la resistencia a la vitamina D. Mi falta de confianza en los medicamentos recetados para la EM empezó con mi propia experiencia con la copaxona y se profundizó a medida que aprendía más sobre los medicamentos disponibles en la actualidad. Desafortunadamente, estos medicamentos no son eficaces para retrasar la discapacidad. Reducen la tasa de recaída, pero no hay evidencia de que puedan afectar la progresión de la enfermedad a largo plazo. Además, tienen con efectos secundarios que pueden ser catastróficos, sin mencionar el efecto dominó que producen, causando afecciones secundarias que exigen más medicamentos, suprimen el sistema inmunológico y dificultan la recuperación física y mental del paciente.

Recientemente, tres estudios independientes analizaron la efectividad de los fármacos de uso común CRAB (copaxona, rebif, avonex, betaseron). Cabe destacar que los tres estudios concluyeron que los CRAB no tienen un efecto significativo en la progresión a largo plazo de la discapacidad.[15]

Uno de esos estudios[16] comparó la progresión de la discapacidad de más de 3.000 pacientes británicos que empezaron a recibir medicamentos CRAB en 2001 con la progresión natural de los pacientes que no recibían tratamiento. El estudio demostró que, en todos los tratamientos, no solo no hubo retraso en la progresión de la enfermedad, pero, de hecho, la progresión de la enfermedad fue peor para los pacientes que tomaron los medicamentos que para aquellos que no recibieron tratamiento.

Cuando se trata de la nueva generación de fármacos modificadores de la enfermedad para la esclerosis múltiple, los inmunosupresores como gilenya, aubagio o tysabri son aparentemente más efectivos que sus predecesores para reducir la tasa de recaídas, pero comparativamente, conllevan el riesgo de efectos secundarios mucho más graves como leucemia y LMP (leucoencefalopatía multifocal progresiva), entre muchos otros. Es decir, no sabemos qué tan efectivos son estos medicamentos para retardar la progresión de la enfermedad y la acumulación de discapacidad, o qué otros efectos secundarios su utilización a largo plazo puede traer.

Un estudio que me parece interesante es el ensayo clínico sobre un medicamento llamado anti-LINGO-1, que podría tener el potencial de revertir la desmielinización de los nervios. La fase II del estudio ha mostrado resultados prometedores sin efectos secundarios significativos.[17] Creo que es positivo que los investigadores finalmente se centren en reparar el daño real causado por la esclerosis múltiple. Si lo pensamos, lo que nos dificulta la vida son los síntomas causados por nuestra mielina dañada, que ningún medicamento convencional ha intentado revertir.

Sin embargo, cuando se trata de reparar la mielina, una vez más la vitamina D parece presentar más ventajas. Mientras escribo este libro, se acaba de publicar un nuevo estudio sobre la regeneración de mielina y la Vitamina D.[18] En este estudio, investigadores de la MS Society Cambridge Center for Myelin Repair, identificaron que el receptor de proteína de la vitamina D se une a una proteína existente, llamada RXR gamma receptor, que ya es conocida por estar involucrada en la reparación de la mielina. Al agregar vitamina D a las células madre del cerebro en las que estaban presentes las proteínas, descubrieron que la tasa de producción de oligodendrocitos (células productoras de mielina) aumentó en un 80 por ciento.

En una de sus entrevistas, el Dr. Coimbra hace una breve comparación entre la efectividad de los medicamentos convencionales y la vitamina D en pacientes con trastornos autoinmunes. Según él, "Reponer las dosis necesarias de vitamina D para disfrutar de sus efectos beneficiosos implica restaurar un mecanismo natural, que permite a los pacientes retomar una vida normal. Es un mecanismo que la naturaleza tardó millones de años en desarrollar, e incluso si la industria farmacéutica pasara siglos trabajando en este tema, no se acercarían a los beneficios que la vitamina D puede proporcionar a estos pacientes"[19]

Espero que, dentro de poco, los científicos puedan desarrollar un medicamento convencional que detenga la progresión de la EM, con efectos secundarios mínimos, por el bien de los pacientes que no tienen acceso a tratamientos no convencionales. Pero, al menos por ahora, ninguno de estos medicamentos es una opción que consideraría para mí. Sus riesgos son demasiado grandes y sus beneficios demasiado cuestionables.

Capítulo 8

"El deseo y la intención de alguien que elige ser un sobreviviente y participar de su cura puede proporcionar resultados que superan con creces lo que se espera"

Dr. Bernie Siegel

Dieta, Ejercicio, y Gestión del Estrés

Dieta

La vitamina D, cuando se toma en la cantidad correcta, es capaz de detener la progresión de las enfermedades autoinmunes agresivas. Sin embargo, si comemos azúcares refinados, carbohidratos y grasas trans en exceso, y nuestras células no están recibiendo la nutrición básica que requieren, ¿puede la vitamina D mantenernos sanos indefinidamente?

En realidad, la vitamina D en dosis altas es tan efectiva que la gran mayoría de los pacientes en el Protocolo Coimbra no siguen ninguna dieta específica, además de evitar los productos lácteos. Algunos médicos que prescriben altas dosis de vitamina D recomiendan que los pacientes eviten el gluten. Sin embargo, la mayoría de los médicos no hacen esta recomendación, incluido el Dr. Coimbra.

Después de abandonar la Dieta Best Bet, no sentí necesidad de seguir ninguna dieta estricta, pero sí tengo en cuenta que la falta de nutrientes adecuados causa un funcionamiento defectuoso de las células, y necesitamos que nuestras células sean lo más eficaces posible para combatir nuestra enfermedad y sus síntomas. Por lo tanto, ahora elijo comer alimentos integrales y orgánicos que nutrirán mis células. La vitamina D hace su parte, y yo hago la mía. Pero no me preocupo excesivamente si a veces como cosas que no se consideran sanas.

Como mencioné anteriormente, durante más de una década de mi vida fui vegetariana. Esto fue antes de que descubriera que tenía EM. Mi principal fuente de proteínas era la soja, los productos lácteos y los frijoles. Pensaba que tenía una dieta saludable, pero al mirar hacia atrás, veo que mi dieta se basaba en granos, gluten y productos lácteos, que son alimentos altamente inflamatorios. Creo que todos esos años como vegetariana en realidad inflamaron mi sistema, e incluso podrían haber sido responsables de mi hipoclorhidria. Una dieta inflamatoria, junto con una posible predisposición genética para la autoinmunidad, mi mala digestión debido al bajo nivel de ácido estomacal y los bajos niveles de vitamina D, probablemente aseguraron que mi predisposición se convirtiera en una enfermedad.

Ya no soy vegetariana, y según lo que he aprendido desde mi diagnóstico, no volvería a serlo. Actualmente, he introducido muchos principios paleo en mi dieta. El Protocolo Wahls, creado por el Dr. Terry Wahls,[20] es otro libro que recomiendo a todas las personas con un trastorno autoinmune. Incluso si uno no tiene la intención de seguir rigurosamente la dieta recomendada allí, el libro ofrece una buena perspectiva de cómo es una dieta nutritiva. Como paréntesis, permítanme decir que hipotéticamente, si un día sintiera que la vitamina D no era suficiente para mantener a mi EM en remisión, me comprometería con una dieta como el Protocolo Wahls, como apoyo adicional para mi tratamiento. Creo que es posible lograr grandes resultados con la dieta correcta. De momento, el Protocolo Coimbra ha mantenido mi sistema inmunológico muy bien equilibrado, incluso con hábitos alimenticios mucho más flexibles que los que usualmente requieren las dietas para condiciones autoinmunes.

Es importante mencionar que no experimento ningún síntoma cuando como cereales, azúcar o gluten, ni ningún tipo de alimentos procesados. Evito esos alimentos, pero no tengo molestias digestivas ni síntomas de EM cuando los como. Puedo tolerar a casi cualquier alimento tan bien porque corregí mi deficiencia de ácido estomacal, que es una causa directa de alergias e intolerancias a los alimentos. Además, mis niveles de vitamina D son adecuados y, en consecuencia, miles de funciones en mi cuerpo ahora funcionan correctamente. Y suelo comer alimentos nutritivos la mayor parte del tiempo.

Cuando se trata de este tema, creo que asegurarse de que nuestro intestino funcione correctamente es tan importante como mejorar nuestra dieta. De lo contrario, podemos comer alimentos densos en nutrientes y aún tener serias deficiencias si nuestro cuerpo no los puede digerir bien.

Ejercicio

Si está siguiendo el Protocolo Coimbra y puede hacer ejercicio, debe hacer al menos 30 minutos de ejercicios cardiovasculares al día, cinco días a la semana, para evitar perder masa ósea. Según el Dr. Coimbra, los pacientes que tienen movilidad deben comenzar un programa de cardio justo después de su segunda cita, cuando la fatiga generalmente desaparece.

En mi caso, he notado algunos cambios desde que empecé a hacer 30 a 45 minutos de cardio, cinco días a la semana. Ahora estoy en mi peso ideal sin necesidad de controlar mis calorías, me siento con más energía en los días que trabajo, mi estado de ánimo ha mejorado y siento que es mucho más fácil mantener la ansiedad bajo control.

Además de ayudar con nuestra salud general, los ejercicios cardiovasculares también son una excelente manera de mantener bajos los niveles de inflamación. Cuando tenemos una enfermedad autoinmune, es importante comenzar con cualquier forma de ejercicio posible, aunque solo sea por unos minutos al día. Hay excelentes recursos en internet, libros y DVDs con programas de entrenamiento desarrollados específicamente para pacientes con esclerosis múltiple, artritis reumatoide, lupus, etc. Lo principal es levantarse y moverse tan bien como podamos. Cada pequeño esfuerzo es bueno para nuestro cuerpo.

Gestión del Estrés

Según el Dr. Coimbra, el estrés crónico, la ansiedad y la depresión son algunos de los factores principales que pueden debilitar los resultados de las dosis altas de vitamina D. Las enfermedades autoinmunes y el estrés emocional están estrechamente relacionados, ya que uno exacerba los síntomas del otro. Tener una condición autoinmune en sí mismo es un desencadenante de la ansiedad y el estrés, y el estrés persistente desencadena la autoinmunidad, creando un círculo vicioso. Una gran cantidad de hormonas del estrés que circulan en nuestro torrente sanguíneo durante largos periodos pueden activar nuestro sistema inmunológico, dañar nuestras neuronas y provocar un exceso de inflamación en el cuerpo y en el cerebro. Se sabe que alrededor del 80 por ciento de todas las recaídas de esclerosis múltiple ocurren después de episodios de estrés intenso.

Anteriormente mencioné algunas herramientas que he usado para calmar la ansiedad y el estrés, como la terapia, la acupuntura y un medicamento antidepresivo. A través de la terapia, no solo superé mi severa ansiedad, sino que también rompí los patrones de pensamiento negativos y obtuve el autoconocimiento que tanto necesitaba, lo que me ayudó a convertirme en una persona más centrada, más segura y positiva. Nuestros estados mentales tienen un gran efecto en el cuerpo físico, y creo que cuando comprendí la verdadera conexión entre mi mente y mi cuerpo, fue más fácil tomar las medidas necesarias para mejorar mi salud en general.

Un gran ayuda adicional es tener un proyecto, una causa muy importante para nuestro corazón, o incluso un pasatiempo. Algo que disfrutamos mientras pasamos el tiempo y que puede alejar nuestra atención de los problemas, aunque sea solo por poco tiempo. Unos meses después de mi diagnóstico, volví a escribir una novela en la que había estado trabajando cuando me enfermé por primera vez. Mirando hacia atrás, me doy cuenta de que dedicarme a esa tarea mantuvo mis pensamientos alejados de la enfermedad durante gran parte del tiempo, y facilitó que mi ansiedad se mantuviera bajo control. Creo que encontrar algo que nos dé alegría y pasar tiempo haciendo esto puede mejorar enormemente nuestra salud física y emocional.

A lo largo de los años, también he intentado meditación, yoga, hipnosis. Todas estas actividades combinadas me ayudaron en diferentes fases de mi vida, pero siento que lo que realmente me empujó hacia donde estoy hoy fue el hecho de que me comprometí completamente en mi propio proceso de cura. Siempre buscando soluciones, y no renunciar. Hay muchas maneras diferentes de aprender a tratar los desequilibrios emocionales. Hay que elegir aquella que funciona mejor para cada uno, pero no ignorar el problema. Aprender a identificar señales de estrés y ansiedad, y no permitir que se apoderen de su vida, es un paso importante para mantener su enfermedad autoinmune en remisión.

Capítulo 9

"Cuando somos lo suficientemente valientes para estar con lo que nos asusta, podemos despertar nuestra intuición y crear un nuevo camino para la curación."

Kris Carr

Su propia trayectoria

Pueden pasar años, quizás décadas, hasta que la comunidad médica determine que altas dosis de vitamina D son la forma más segura y efectiva de detener la progresión de las enfermedades autoinmunes e incluso revertir el daño que ya se ha hecho. En mi trayectoria personal, muy pronto me di cuenta de que no tendría años, ni mucho menos décadas, para esperar por la solución perfecta, un tratamiento altamente efectivo que probado y examinado por la comunidad científica. Tenía que encontrar otras posibilidades, la mejor solución posible.

Lo que descubrí cambió mi vida y sé que millones de personas en todo el mundo también pueden beneficiarse de esta información. Si piensa que la vitamina D en altas dosis es algo que le gustaría probar, al final del libro, en Referencias encontrará una lista de grupos de discusión, videos, blogs y sitios donde puede interactuar con otros pacientes, solucionar sus dudas sobre este tratamiento, encontrar la lista actualizada de médicos y ver entrevistas subtituladas con el Dr. Coimbra.

Tal vez piense que puede ser difícil encontrar un médico que siga el Protocolo Coimbra en su país, pero tenga en cuenta que la mayoría de los médicos que ahora prescriben dosis altas de vitamina D en Europa, Canadá y los EE. UU han conocido este tratamiento a través de sus propios pacientes. Tal vez su médico también pueda interesarse.

Realmente recomiendo que participe de los grupos de discusión enumerados en el apartado Referencias. Muchos de los miembros de esos grupos tienen conocimientos, incluidos algunos médicos que tienen enfermedades autoinmunes y que han elegido el Protocolo Coimbra como su tratamiento. Allí, podrá solucionar la mayoría de las dudas que pueda tener acerca de tomar altas dosis de vitamina D. No se deje intimidar por la barrera del idioma. Los grupos tienen traducción automática para todas las publicaciones y comentarios, y han crecido tanto, con pacientes de tantas partes del mundo, que es posible hacer una pregunta en cualquier idioma y asegurarse de obtener una respuesta. Hace apenas unos años, no era posible tener este nivel de interacción con pacientes al otro lado del océano. Mi consejo es que saque provecho de esos grupos. Busque historias de personas que superaron la misma enfermedad que usted, preséntese y hable con ellas. Utilice su sentido crítico para descubrir lo que podría funcionar para usted. Hágase cargo de su salud.

Una vez que tome la decisión y comience a seguir el protocolo, sea persistente. He conocido a personas que empezaron a sentirse mejor en unas pocas semanas y otras, como yo, que requirieron algunos meses. No espere un milagro, porque este es un tratamiento médico. Recuerde que la mayoría de las enfermedades autoinmunes se desarrollaron durante muchos años antes de que se manifestaran los primeros síntomas. Su cuerpo necesita tiempo para revertir décadas de células defectuosas. Para los pacientes con esclerosis múltiple, es importante saber que el sistema nervioso central es el sistema más lento del cuerpo para curarse, por lo que la paciencia y la determinación son necesarias. Cuando hablo con pacientes que recién están comenzando el tratamiento, les digo que se aseguren de que están haciendo todo correctamente, que realicen pruebas de laboratorio y los ajustes de dosis necesarios, y que intenten mantener una actitud positiva durante este proceso. Después de un año, cuando obtengan sus resonancias (o las pruebas pertinentes a su condición), tendrán evidencias sólidas de lo que la vitamina D puede hacer.

Hasta el momento, esta ha sido mi trayectoria con una enfermedad autoinmune. Las altas dosis de vitamina D me aliviaron los síntomas, me ayudaron a dejar un medicamento tóxico y me permitieron vivir sin temer al futuro. Tengo esclerosis múltiple, pero ahora también he recuperado mi vida. Me siento llena de energía, saludable y bien la mayor parte del tiempo. Sentirme bien es mi normalidad. Sé que esto es solo el comienzo. También puede ser el suyo.

Capítulo 10

"Una de las formas más efectivas de neutralizar el pesimismo médico es encontrar a alguien que haya tenido el mismo problema que usted y que ahora esté curado."
Dr. Andrew Weil

Declaraciones

Larissa M.
Ouro Fino, Brasil
Esclerosis Múltiple

Recibí el diagnóstico de Esclerosis Múltiple en 1999, cuando tenía 30 años, e inmediatamente empecé el tratamiento con interferón beta. Tomé interferón durante un año y durante ese período tuve muchos brotes. También sufrí con los efectos secundarios del medicamento. Pronto me di cuenta de que esa droga me estaba haciendo más mal que bien. Mis resonancias mostraron tantas lesiones que los médicos me dijeron que probablemente estaría en una silla de ruedas en cinco años. Soy abogada y en aquel momento trabajaba para un bufete de abogados en una pequeña ciudad, así que decidí desplazarme a São Paulo para ver si podía encontrar un mejor tratamiento.

Comencé a seguir una dieta macrobiótica y hacer sesiones de acupuntura, así como algunas otras terapias alternativas. Decidí no tomar ningún medicamento convencional y simplemente seguir los tratamientos alternativos. Desafortunadamente, esos tratamientos no trajeron buenos resultados, y en 2004 empecé a tomar copaxona, pero tampoco me sentí mejor. Esto se prolongó hasta 2005, cuando escuché sobre el tratamiento con altas dosis de vitamina D de una amiga cuya madre era paciente del Dr. Cicero Coimbra. Decidí pedir una cita.

En mi primera cita, el Dr. Cicero me dio una increíble conferencia sobre el papel de la vitamina D en el sistema inmunológico, y recuerdo que finalmente me relajé en mi silla, sentada allí, escuchándolo. Había estado buscando durante años algo que tuviera sentido en esta enfermedad, y ese día supe que lo había encontrado. Pensé: "¡Estoy salva! Este es el camino."

Cuando le dije a mi familia que empezaría el tratamiento con vitamina D, estaban preocupados porque en ese momento no había grupos de apoyo o mucha literatura para que entendieran de qué se trataba el tratamiento. Tenían que confiar solo en mis palabras, porque realmente creía que el tratamiento era seguro y efectivo.

Comencé a seguir el Protocolo Coimbra en 2005 y la fatiga fue el primer síntoma en desaparecer. Sin embargo, mi nivel de resistencia a la vitamina D era muy alto y durante los dos primeros años tuve problemas para absorberla. El Dr. Cicero dijo que mis altos niveles de estrés empeoraron este problema. Me sugirió que tomara un ansiolítico para la ansiedad y el estrés, pero decidí buscar ayuda espiritual en su lugar. Fui a un curandero espiritual muy conocido en Brasil, *João de Deus*, en un lugar llamado "Casa de Dom Inácio de Loyola". Me sorprendió la belleza del trabajo que hicieron y decidí vivir allí durante algún tiempo. Después de unos meses, el Dr. Cicero me dijo que finalmente, por primera vez, mi cuerpo estaba reaccionando y mi resistencia a la vitamina D había sido superada. Las mejoras comenzaron a producirse, lentamente.

Después de haber vivido en la Casa de Dom Inácio de Loyola por un año y medio, *João de Deus* me dijo que estaba curada de EM y, justo después, el Dr. Cicero me dijo que mis niveles de vitamina D estaban bien y que ya no tendría brotes ni progresión de la enfermedad. Las mejoras siguieron ocurriendo, y después de 10 años siento que todavía estoy mejorando. Desde hace aproximadamente dos años noté que mi intolerancia al calor había desaparecido. Vivo en Brasil, en un estado muy caluroso, pero ahora puedo salir y caminar por las calles incluso en días de mucho calor. También tuve incontinencia de vejiga, y recientemente noté que las fugas ya no están ocurriendo. ¡Ya no tengo que usar ropa interior protectora! Todavía tengo algunos problemas, como urgencia urinaria y dificultad para doblar la pierna izquierda. Creo que si no tuviera esos problemas no recordaría que tengo EM. Siento que estoy curada. He estado tomando altas dosis de vitamina D durante más de 10 años. Nunca he tenido un efecto secundario de este tratamiento y nunca he tenido una recaída de nuevo.

Una cosa interesante es que justo después de empezar mi tratamiento, mi madre también tuvo una cita con el Dr. Cicero y empezó a tomar altas dosis de vitamina D para tratar un problema de salud. Mi mamá tenía 80 años cuando comenzó su tratamiento. Ahora que tiene 91 años de edad, toma 60.000 UI por día y realiza pruebas periódicas para asegurarse de que sus niveles de calcio y funciones renales estén bien. Recientemente recibió la noticia de su geriatra de que sus riñones están en excelente estado. Otra ventaja que encontré en este tratamiento es que mi sistema inmunológico es mucho más fuerte ahora. No tengo resfriados o infecciones urinarias como solía tener antes, y esto también ayuda a mantener la EM en remisión.

Mi fisioterapeuta hizo un video hace algunos años, cuando yo caminaba con dificultad. Pronto haré un nuevo video y lo publicaré en nuestro grupo de apoyo, mostrando las mejoras que he conseguido en los últimos años. Han pasado 17 años desde que me diagnosticaron con EM. En los últimos 10 años, mi enfermedad ha dejado de progresar y, en lugar de empeorar, me estoy recuperando.

Nayra B.
(Escrito por su madre, Marcia C.)
São Paulo, Brasil
Esclerosis Múltiple

Mi hija, Nayra, tiene Esclerosis Múltiple.

Hoy este hecho ya no me asusta, pero hace 16 años, la EM fue mi peor pesadilla, porque cuando tenía 10 años, Nayra tuvo su primer brote. Comenzó en abril de 2000, con un hormigueo en los dedos de su mano derecha. La llevé al pediatra y él nos dijo que no era nada, no deberíamos preocuparnos. Tres días después, el hormigueo había aumentado y pronto la llevé a emergencias. Solicitaron muchas pruebas, de sangre, orina, ecografías, resonancias magnéticas y, finalmente, las pruebas mostraron una lesión en el cuello uterino, entre C3 y C4. Los médicos sospecharon un tumor y sugirieron que la cirugía podría ser necesaria, pero decidí obtener una segunda opinión y la llevé a un hospital diferente. Fueron días muy difíciles para nosotros.

Comenzó el tratamiento con corticosteroides y antiinflamatorios durante 6 meses. Ella mejoró rápidamente y pronto se había recuperado por completo.

Casi un año después, en 2001, el hormigueo volvió, esta vez en las extremidades inferiores, comenzando en los pies y subiendo rápidamente a las piernas. Me asustó y la llevé rápidamente a emergencias. Repetimos lo mismo otra vez, varias pruebas y más corticosteroides. Esta vez, los médicos hablaron de "enfermedad desmielinizante", pero todavía no obtuvimos un diagnóstico.

Y luego llegó 2002, cuando tuvo dos recaídas, y 2003, cuando tuvo dos recaídas más. Y cada recaída trajo un síntoma diferente. Hormigueo en los brazos, piernas y abdomen, sintiendo calor o frío en diferentes partes del cuerpo y, finalmente, problemas de visión. En una de las recaídas en 2003, Nayra perdió parcialmente su visión. Entré en pánico. La llevé al hospital, llevando conmigo todos sus registros médicos. El neurólogo que la vio me dijo que tenía esclerosis múltiple. No sabía qué era la esclerosis múltiple. Estaba tan aterrorizada que cuanto más explicaba el médico, menos entendía. Ella fue hospitalizada para tomar esteroides. Con este diagnóstico, fui al "Hospital de Clínicas", en São Paulo, donde sabía que sería tratada por especialistas en EM. El neurólogo le recetó copaxona, una inyección dolorosa que tenía que tomar todos los días. Esto fue muy difícil para una niña de 13 años.

Comencé a investigar la enfermedad y, cuanto más información encontraba, más asustada me sentía. Fui a asociaciones de EM, pero siempre salí muy deprimida de esos lugares, porque vi a muchas personas en sillas de ruedas y con diversas discapacidades. Me imaginé a mi hija en esa situación en unos pocos años, y me desesperé. Me estaba costando mucho seguir con mi vida, mi trabajo y aceptar la idea de que mi hija tenía una enfermedad grave e incurable. Le pedía a Dios diariamente una bendición y una luz en esos tiempos oscuros. Un día, en el Hospital de Clínicas, conocí a una neuróloga que también tenía Esclerosis Múltiple. Ella era una asistente del neurólogo de Nayra. En ese momento, esta doctora ya tenía discapacidades severas. Ella no podía caminar sin la ayuda de bastones, y hablaba con dificultad. Ese día me dijo que ese era el futuro de los pacientes con EM. Pero también me dio el nombre de un grupo de Yahoo, donde podría obtener respuestas a mis muchas preguntas. Este fue un grupo de pacientes con EM que fueron tratados en ese hospital. Me uní al grupo ese mismo día, me presenté y hablé sobre los problemas de Nayra con la EM. Dejé mi número de teléfono, pedí ayuda, una palabra, cualquier consuelo para mi corazón.

Unos días después, había un mensaje en mi correo de voz de una mujer que también tenía una hija con EM, y su historia era similar a la mía. A su hija también le habían diagnosticado a una edad muy temprana, y toda la familia había sufrido mucho. Me pidió que la llamara para que pudiéramos hablar sobre este neurólogo, el Dr. Cicero Coimbra, que había comenzado un nuevo tratamiento para la EM con vitamina D. La llamé y me dijo que cuando descubrió que su hija tenía EM, había contactado a 50 de los neurólogos más reputados de Brasil, todos profesores bien conocidos y jefes de departamento en los principales hospitales del país. Sólo uno de esos doctores le respondió, el Dr. Cicero Coimbra. Me encanté con lo que me contó acerca del tratamiento con vitamina D y los resultados que estaba teniendo su hija. Llamé a la oficina del Dr. Cicero y pedí una cita de inmediato. Nuestra primera visita duró casi cuatro horas, con explicaciones detalladas del tratamiento y lo que podríamos esperar de él. Nos fuimos llenos de esperanza y con una receta de vitamina D y algunos otros suplementos. Tan pronto como salimos de la cita, Nayra dijo que nunca volvería a tomar las inyecciones. El Dr. Cicero nos había dicho que no importaba si ella seguía tomando copaxona o no; eso dependería de nosotros. La vitamina D equilibraría el sistema inmunológico de Nayra y la enfermedad entraría en remisión.

Esto fue en el 2003. Nayra ha estado tomando altas dosis de vitamina D durante 13 años. El Dr. Cicero tenía razón. Nunca ha vuelto a tomar otra inyección o esteroides, y la mejor parte es que nunca ha vuelto a tener una recaída. A lo largo de los meses, me di cuenta de que la fatiga de Nayra había desaparecido; ella se inscribió en el equipo de fútbol de la escuela. Empezó a caminar a la escuela otra vez, ya no necesitaba conducirla. Nuestras vidas empezaron a cambiar en todos los sentidos. Empecé a dormir mejor, a trabajar mejor y también a sentirme mejor. En fin, todo mejoró. Cuando le dije al Dr. Cicero que Nayra estaba participando en los campeonatos de su equipo de fútbol, incluso él se sorprendió de lo rápido que se estaba recuperando.

Al principio teníamos citas con el Dr. Cicero cada tres meses, luego cada seis meses y finalmente visitas anuales. Así pasaron los años, con ajustes de dosis, pruebas regulares de laboratorio, tomando los suplementos, siguiendo la dieta específica requerida por el protocolo y, lo más importante, tomando vitamina D.

¡Vida normal!

Durante estos años, el Dr. Cicero no solicitó nuevas resonancias magnéticas, ya que Nayra siempre estuvo bien. Cuando tenía 18 años vivió sola en Italia durante dos años y nunca tuvo ningún síntoma. Ella vive su vida como cualquier otra mujer joven; estudia, trabaja, viaja, monta en bicicleta, hace deporte, va al gimnasio. Y toma sus vitaminas. Una recomendación en la que realmente insistió el Dr. Cicero fue que debería hacer todo lo posible para evitar el estrés, ya que el estrés y la ansiedad pueden provocar recaídas. Con vitamina D y sin estrés, no ha habido recaídas durante estos 13 años. Nayra tiene una vida completamente normal. Es una joven hermosa, alegre y sana.

A principios de 2015, el Dr. Cicero solicitó resonancias magnéticas para poder compararlas con las imágenes anteriores. ¡Y qué buena sorpresa fue, ya que todas las lesiones en su cerebro y médula espinal habían desaparecido! Solo había una pequeña lesión casi imperceptible en el cerebro. Es tan triste que la mayoría de los médicos parecen decididos a permanecer en la ignorancia cuando se trata de este tratamiento. Siempre que posible, hablo sobre la experiencia de Nayra con la vitamina D a las personas con EM y a todas las personas que tienen una enfermedad autoinmune.

Miles de personas están siguiendo este tratamiento y mejorando cada día. Personas de todo el mundo vienen a Brasil o consultan con médicos en otros países que ya están prescribiendo este protocolo. Soy agradecida a Dios por darme esta gracia y ponerme en contacto con el Dr. Cicero Galli Coimbra. Estoy eternamente agradecida a él por su dedicación y fidelidad al Juramento Hipocrático, por su dedicación a sus estudios y sus pacientes, la contribución que hizo a la medicina y la ciencia, y al ser humano que es, dando parte de su vida por nuestra salud. Gracias Dr. Cicero Galli Coimbra.

Leila G.
Divino, Brasil
Psoriasis y Artritis psoriásica

Sentí los primeros síntomas de la psoriasis hace unos 20 años. Comenzó en mi cuero cabelludo, con picazón y descamación de la piel, que pensé que era caspa. Fui a un médico que me recetó un ungüento, el cual utilicé por un tiempo, pero solo hizo el problema peor. Después de eso fui a varios médicos, sin embargo, no obtuve un diagnóstico. No tenía idea de lo que estaba mal conmigo.

En 1992 me casé, y entonces también habían aparecido pequeñas lesiones en mi espalda. Alrededor de ese tiempo experimenté un grave trauma emocional, y creo que eso fue lo que desencadenó el primer gran brote de la enfermedad. La psoriasis se hizo cargo de mi cuerpo. Incluso mis uñas desarrollaron lesiones y empezaron a caer. A veces las lesiones dolían, la piel se agrietaba y sangraba, especialmente cuando estaba nerviosa. Sólo mis pies y manos estaban libres de lesiones. Dondequiera que iba, dejaba escamas de piel en el suelo. Mi familia, especialmente mi madre, no me apoyaba. Creo que ella quería una hija perfecta.

Afortunadamente, mi esposo fue muy comprensivo y me dio todo el apoyo, y en medio de todos mis problemas de salud, tuvimos tres hijas. Mientras tanto, finalmente recibí un diagnóstico de psoriasis. Soy maestra de escuela primaria y mi trabajo era muy exigente. A eso se añadieron muchas crisis familiares (mi madre incluso dijo una vez que yo tenía el diablo en el cuerpo debido a la psoriasis) y los problemas de la vida cotidiana, que empeoraron la enfermedad.

En 2003 mi dermatólogo prescribió el medicamento metotrexato. Al principio todo estaba bien y mi piel se aclaró en menos de un mes. Pero cuando dejé la medicación tuve artritis psoriásica como efecto rebote. Me puse muy enferma, con dolor severo, hijas pequeñas y casi incapaz de caminar. Mi familia no me ayudó, todo lo contrario; mi madre solía abrir su biblia y decir que Jesús le estaba hablando y que yo estaba sufriendo así porque tenía demasiados pecados. Tal fue el apoyo que tuve. Mi esposo se hizo cargo de nuestras hijas y de mí solo, además de hacer todo el trabajo pesado en nuestra hacienda.

El tratamiento fue difícil. Vivo en una ciudad muy pequeña en Brasil, donde no había reumatólogos. Tuve que ir a una ciudad más grande para recibir mi tratamiento con prednisona y diclofenaco. En ese momento, no sabía todos los efectos secundarios que esos medicamentos podrían causar. Me hinché mucho, mi piel se puso todavía peor de lo que estaba antes, y ese fue el peor momento de mi vida. Puse mi vida en las manos de dios y le pedí una cura, porque sabía que esos tratamientos nunca serían una cura. Pasé dos años sin poder trabajar y tuve que despedirme de mis estudiantes debido a la artritis.

Un día, cuando estaba en otra ciudad esperando una cita médica para una de mis hijas, me puse muy enferma. Vomité toda la noche y tuve que ser llevada a emergencias. Era mi cuerpo rechazando todos los medicamentos. Decidí que era hora de dejar de tomar esos medicamentos y empecé a buscar tratamientos alternativos. Sin embargo, seguía tomando indometacina, que me había recetado otro reumatólogo. Más tarde dejé ese medicamento también.

Comencé a tratarme con homeopatía, hierbas y ejercicios. Poco a poco empecé a sentirme mejor y pude dar paseos cortos. Mientras tomaba prednisona, había subido de 70 a 90 quilos, así que comencé a hacer dieta y perdí el peso extra. Finalmente comencé a practicar Capoeira en 2010, Pilates en 2013, y en mayo de 2014 comencé a practicar Muay Thay. No sé qué fue exactamente lo que trajo las mejoras para la artritis, probablemente fue una combinación de todo lo que hice: dejar los medicamentos recetados, tomar homeopatía y tratamientos naturales, perder peso y hacer ejercicio. Sentí que estaba recuperando mi vida, pero mi piel todavía estaba muy mal y llena de lesiones. Durante mi búsqueda, encontré un grupo en Facebook llamado "Psoriase". Algunos de los miembros hablaron sobre su experiencia con tratamientos naturales, y uno de ellos comenzó a compartir con nosotros su experiencia con un "tratamiento con altas dosis de vitamina D". En esta trayectoria, dios siempre ha encontrado una manera de poner ángeles en mi vida.

Me interesé y empecé a investigar. Los miembros que conocían este tratamiento se mostraron muy seguros sobre lo bueno que era. En agosto de 2014, comencé a tomar 10.000

UI de vitamina D al día y continué mi investigación. Decidí llamar al doctor André Lage, en la ciudad de Vespasiano. Era el único médico en el estado de Minas Gerais que prescribía el protocolo creado por el Dr. Cicero Coimbra. En ese momento no podía permitirme el lujo de pedir una cita con él, pero decidí ahorrar mi dinero e invertir en mi salud. Tenía que curarme de esa enfermedad. En diciembre de 2014 finalmente tuve mi cita.

Debido a que la clínica estaba en una ciudad diferente, el día de mi cita salí de mi casa a la 1:30 y regresé a las 20:00. Fue la mejor consulta médica de mi vida. Duró dos horas y media. Hablamos sobre muchos temas diferentes, el Dr. André me preguntó todo sobre la psoriasis y explicó el tratamiento en detalle. Ya había realizado las pruebas de laboratorio necesarias, ya que el Dr. André me había enviado la solicitud de las pruebas por correo electrónico antes de la cita. Salí de su oficina sintiéndome segura de que este sería el tratamiento de mi vida. Me recetó 70.000 UI de vitamina D, glutamina para ayudar a curar mis cartílagos y un compuesto con otras vitaminas y suplementos.

Sorprendentemente, las mejoras empezaron inmediatamente. Mi piel comenzó a aclararse. Sólo mi familia sabía que estaba siguiendo este tratamiento. No se lo había contado a nadie, pero la reacción de la gente no tardó en llegar. Mi cita sucedió durante las vacaciones de verano, pero cuando regresé a trabajar en febrero, mis colegas comenzaron a felicitarme y preguntarme qué estaba haciendo. La gente se daba cuenta de lo bien que me veía. Y lo mejor de todo, ya no dejaba escamas de piel dondequiera que iba.

Hoy, un año después de mi primera cita y un año y cuatro meses desde el día en que comencé a tomar vitamina D, la mejora es asombrosa. Mi piel sigue mejorando. Este es el tratamiento que le pedí a dios. Y no mantendré esto en secreto. Quiero hacer por los demás lo que se hizo por mí.

Estoy muy agradecida a todos los ángeles que me ayudaron en el camino. El Dr. Cicero Coimbra, el Dr. André Lage, los miembros del grupo de Facebook que me animaron a aprender más sobre las altas dosis de vitamina D, los terapeutas holísticos con los que he trabajado a lo largo de los años y muchos otros.
Gracias.

Ana L.
Bucarest, Rumania
Esclerosis Múltiple

Tuve los primeros síntomas de la esclerosis múltiple en 2008, pero solo me diagnosticaron un año después. Recuerdo que un día estaba en el aeropuerto y en algún momento ya no podía caminar. Mi pequeña maleta rosa de pronto estaba tan pesada; Cancelé mi vuelo y volví a casa. Mientras descansaba un poco, los síntomas desaparecieron.

Al día siguiente fui al hospital y, tan pronto empecé a contar mi experiencia, el médico me pidió pruebas. La resonancia y la punción lumbar confirmaron el diagnóstico de EM. Por supuesto, sufrí mucho; fue un shock. Era tan difícil aceptar un diagnóstico tan terrible, especialmente a una edad tan temprana como la mía. Tenía mis veinte años.

Empecé el tratamiento con interferón beta, pero unos meses más tarde ese mismo año tuve nuevas lesiones, confirmadas por la resonancia magnética. No tuve una buena respuesta a este medicamento, ya que seguí teniendo una serie de recaídas cada año. Por lo general tenía dos o tres recaídas en un año. El tratamiento con metilprednisolona me ayudaba cada vez más a alcanzar una recuperación casi completa de mis síntomas, pero nunca una recuperación total.

Luego, a principios de 2012 tuve la recaída más fuerte y más agresiva de todas. Tomé ocho gramos de solumedrol, un gramo por día durante ocho días. Tuve una pequeña recuperación en el tratamiento con cortisona y algunas sesiones de fisioterapia. Una nueva resonancia magnética confirmó la presencia de cuatro nuevas lesiones en la médula espinal. Estuve realmente enferma por más de un año. Caminar era un gran esfuerzo durante ese período; Tuve nuevos síntomas como el "abrazo de la EM", problemas de equilibrio y una espasticidad grave.

Entonces, en ese corto período de tiempo alcancé una EDSS (Escala de estado de discapacidad expandida) de 4,5. Mi EM fue considerada muy agresiva y comencé un tratamiento con Tysabri, un anticuerpo monoclonal, un fármaco muy eficaz, pero con efectos secundarios graves, incluida la LMP. Mis pruebas fueron positivas para el virus JC, por lo que mi neurólogo, un especialista en EM, me dijo que no podía tomarlo durante más de dos años. Tomé este medicamento durante casi un año. Fue mi elección personal dejar de tomarlo en 2013.

Lo que no le dije a mi neurólogo fue que, en 2012, después de mi recaída, empecé a tomar vitamina D. En abril de 2012 empecé a leer los estudios publicados en Pubmed, un servicio de la Biblioteca Nacional de Medicina de EE. UU. Tantos estudios confirmaban la importancia de la vitamina D para esta enfermedad. Empecé a tomar dosis fisiológicas, seguras, entre 5.000 – 10.000 unidades diarias. Recuerdo que me impresionó un estudio del Dr. Mowry. El estudio, publicado en Pubmed, dijo que cada aumento de 10 ng/ml en los niveles de vitamina D se asociaba con un riesgo 15 por ciento menor de una nueva lesión T2 y un riesgo 32 por ciento menor de recaída.

Un día leí un libro donde encontré información que me llamó la atención, sobre un neurólogo de Brasil que estaba tratando la EM con altas dosis de vitamina D. Vi un documental de un joven paciente brasileño, Daniel Cunha, llamado "Vitamina D - Por Uma Outra Terapia ".

Investigué más acerca de este médico y su tratamiento, y entré en contacto a través de Internet con sus pacientes con EM. Su nombre era Cicero Galli Coimbra MD, PhD, neurólogo, jefe del laboratorio de Neuropatología y Neuroprotección y también profesor de Neurología en la Universidade Federal de São Paulo.

Ahora empieza la mejor parte de la historia.

En resumen, en este momento he estado siguiendo el protocolo del Dr. Coimbra durante tres años y siete meses. Actualmente estoy tomando 70.000 unidades de vitamina D diariamente, asociada con una dieta baja en calcio y una hidratación abundante para evitar la hipercalcemia y la hipercalciuria. Mi dosis se ajustó el año pasado, en mi última cita con el Dr. Coimbra en Brasil.

Esta dosis de vitamina D se determinó según los resultados de mis pruebas de laboratorio. No he tenido ningún efecto secundario con este tratamiento. Me hacen análisis de sangre y orina cada cuatro meses y confirman que mis riñones están sanos.

Ahora tengo un EDSS de 3 y he tenido mejoras significativas en mis síntomas motores y en mi equilibrio. La urgencia urinaria mejoró en un 90 por ciento. La espasticidad y el "abrazo de la EM" desaparecieron por completo, y mi calidad de vida ha mejorado mucho.

Hace aproximadamente tres años, el Dr. Coimbra me dijo que no experimentaría ninguna otra recaída, que tendría una vida normal, excepto por las discapacidades adquiridas cuando tenía EM activa, de las cuales puedo recuperarme progresivamente con fisioterapia. Creo que tenía razón, porque mi EM ya no estaba activa, las últimas resonancias realizadas en 2013 y 2015 confirmaron que la enfermedad es estable, sin lesiones nuevas ni activas. Creo que tengo mucha suerte porque tuve la oportunidad de descubrir y comenzar este tratamiento. Mi objetivo para este año es lograr un mejor control de mis emociones y trabajar mejor con el estrés. A veces, cuando estoy muy estresada, algunos síntomas antiguos regresan temporalmente.

Como vivo en Europa, ir a Brasil para consultas es definitivamente un gran esfuerzo, pero vale la pena. Este es un tratamiento muy económico y efectivo. Y hay una gran diferencia en mi vida antes y después de las altas dosis de vitamina D. Palabras no pueden describir la gratitud y el respeto que tengo por el Dr. Coimbra y el trabajo que ha estado realizando durante los últimos 13 años.

Juliana H.
Rio de Janeiro, Brasil
Artritis Reumatoide

Todo empezó en abril de 2014: después de sentir dolor en mis articulaciones por un corto tiempo, me diagnosticaron artritis reumatoide. Tenía 38 años en ese momento y tenía más de 20 articulaciones inflamadas. Caminaba con gran dificultad, no podía conducir, no podía abrir un envase de leche o una botella de agua, me costaba mucho vestirme y ni siquiera podía fregar los platos porque era imposible levantar las ollas y sartenes. Pero mi mayor temor era no poder cuidar de mi hijo, que entonces tenía cinco años. Apenas podía ponerle los zapatos cuando se estaba preparando para ir a la escuela.

Sin embargo, confiaba en que iba a mejorar. Me estaba tratando con uno de los reumatólogos más reputados de Río de Janeiro, y era optimista. Comencé el tratamiento estándar recetado por el médico, pero poco después empecé a desesperarme porque me di cuenta de que tendría que tomar medicamentos muy fuertes por el resto de mi vida. Luego me uní a algunos grupos de AR en internet y noté que el tratamiento convencional todavía dejaba a la mayoría de los pacientes sintiendo dolor, sin mencionar los efectos secundarios. Por suerte, había oído hablar del tratamiento con altas dosis de vitamina D. A mi cuñada le acababan de diagnosticar con Esclerosis Múltiple, y debido a eso, había visto una entrevista con el Dr. Cicero Coimbra sobre el tema. Hice mucha investigación, hablé con muchos pacientes y leí muchos artículos científicos. Por lo tanto, cuando decidí buscar este tratamiento estaba muy bien informada. Lo único que me molestó un poco fue la falta de pacientes con artritis reumatoide siguiendo el Protocolo Coimbra. En aquel momento eran muy pocos y esto me hizo cuestionar si el tratamiento sería tan eficaz para la AR como para la EM. Aun así, programé una cita con el Dr. Sergio Menéndez, un médico de la clínica del Dr. Coimbra, en São Paulo.

Decidí seguir los dos tratamientos simultáneamente, la vitamina D y la terapia convencional, pero después de dos meses tomando metotrexato y prednisona, reconsideré mi decisión. El metotrexato me puso muy mala el día de la aplicación y al día siguiente. Casi no hice nada esos días. La prednisona me ayudó, pero estaba demasiado asustada para tomarla durante mucho tiempo, porque tengo una tía que también padece una enfermedad autoinmune y tomó esteroides durante mucho tiempo, y después de 10 años necesitó un reemplazo de cadera como consecuencia de los esteroides. Pero la última gota para mí fue cuando comencé a sentir dolor en áreas de mi cuerpo donde nunca había sentido antes, principalmente en la espalda. Descubrí que no era la enfermedad la que lo causaba, sino el medicamento. ¡Uno de los efectos secundarios del metotrexato era el dolor de espalda! De pronto, el tratamiento convencional comenzó a no tener sentido para mí. Un medicamento que debería quitarme el dolor me estaba causando más dolor, además de debilitar mi sistema inmunológico. Dejé de tomar el metotrexato. Continué tomando la prednisona en dosis bajas mientras esperaba mi cita con el Dr. Menéndez, que sería en un mes.

Empecé mi tratamiento con vitamina D en agosto. En el primer mes, la fatiga, que ni siquiera me había dado cuenta era un síntoma de la AR, mejoró mucho. Poco a poco volví a hacer ejercicio, y por consejo de mi médico, empecé a tomar clases de ballet, que me encantaba, y que ya había practicado durante 15 años cuando era niña. Al principio iba a clase cojeando; sentía mucho dolor y ni siquiera era capaz de hacer la mitad de los ejercicios, pero gradualmente mejoré y, en noviembre, ya podía acompañar toda la clase. En diciembre, me iba todo muy bien y me sentía genial.

Al ver el efecto que las altas dosis de vitamina D tuvieron en mí, permitiéndome deshacerme de los analgésicos potentes y, lo que es más importante, quitándome el dolor, me sentí eternamente agradecida al Dr. Coimbra. Hoy, me siento obligada a hablar sobre este tratamiento, para que llegue a más y más personas y alivie a los pacientes con artritis reumatoide que aún padecen la enfermedad y los medicamentos. Yo y algunos otros pacientes que seguimos el Protocolo Coimbra hemos creado un grupo en Facebook para intercambiar experiencias sobre el tratamiento de las enfermedades autoinmunes reumáticas, especialmente la artritis reumatoide. También empecé a publicar fotos en posturas de yoga, ya que empecé a practicar yoga a principios de 2015, como apoyo para mi tratamiento. Ahora, el yoga se ha convertido en otra forma de mostrar los resultados que estoy teniendo con este protocolo y de motivar a aquellos que aún no están seguros o que recién están comenzando el tratamiento. Mis últimos análisis de sangre, CRP y ESR, no muestran ninguna inflamación. Espero que algún día el Protocolo Coimbra sea reconocido como un tratamiento oficial para las enfermedades autoinmunes, ya que puede aliviar el sufrimiento de muchos pacientes. Solo aquellos que pasan por una experiencia con esta enfermedad conocen el dolor que sentimos, tanto física como mentalmente. Siempre estaré disponible para compartir mi experiencia y los resultados que estoy teniendo con altas dosis de vitamina D.

Fabiana G.
São Paulo, Brasil
Esclerosis Múltiple Progresiva Primaria

En 1992 empecé a experimentar algunos síntomas raros. Tuve un episodio de parálisis facial, y ocasionalmente experimenté mareos, vértigo y entumecimiento en diferentes partes del cuerpo. Pero como estos síntomas siempre coincidían con situaciones estresantes, asumí que era solo estrés y no les presté mucha atención. En 2008 las cosas empeoraron y empecé a tener problemas para caminar debido a la falta de equilibrio, y algunas veces mis piernas se "trababan". También sentía fatiga, entumecimiento, hipersensibilidad en la planta del pie y visión borrosa. Quedé embarazada y durante el embarazo, todos estos síntomas desaparecieron, pero poco después de tener a mi bebé regresaron. Adormecimiento, hormigueo, pesadez en las piernas, visión borrosa y, a veces, incontinencia de vejiga e intestino. A medida que mi nivel de estrés empeoró, la intensidad de los síntomas también empeoró. La conexión entre mi estado emocional y estos síntomas siempre ha sido clara para mí. Sin embargo, no quería creer que tenía algo serio, así que solo probé una variedad de terapias alternativas, pero nada parecía ayudar.

Finalmente fui a un neurólogo en 2011. Pidió una resonancia magnética cerebral, que mostró tres lesiones menores. El informe no menciona nada sobre la enfermedad desmielinizante. Luego, el médico solicitó una resonancia magnética de la médula espinal, pero no la hice de inmediato. Los síntomas fueron empeorando gradualmente. Lo investigué en Google y parecía ser que tenía Esclerosis Múltiple.

Fui a un neurólogo diferente, y solo con el examen clínico y la resonancia magnética del cerebro, me diagnosticó Esclerosis Múltiple. Explicó sobre el tratamiento convencional y sus efectos secundarios, y me dijo que tendría calidad de vida durante unos 15 años, pero no me preocupé, porque la medicina siempre estaba avanzando y hoy día haya incluso algunas sillas de ruedas muy funcionales.

Avanzo al neurólogo número tres. Basado en la resonancia magnética cerebral y su análisis, no creía que tuviera EM. Pidió varias pruebas, sospechaba que tenía la enfermedad de Devic. Me hicieron una resonancia magnética de la médula espinal, que mostró lesiones extensas en la columna cervical, torácica y lumbar. También tenía una serie de lesiones activas. Por fin, me di cuenta de lo grave que era mi situación. Las lesiones cerebrales no cambiaron con respecto a la resonancia anterior, pero el informe ahora apuntaba a una enfermedad desmielinizante. Los resultados fueron indicativos de enfermedad de Devic o mielitis transversa. Luego me hicieron una punción espinal y el resultado fue positivo para las bandas oligoclonales. Hice una serie de análisis de sangre, incluidos FAN y aquaporina 4, que resultaron negativos.

Estos resultados descartaron enfermedad de Devic, pero el neurólogo decidió solicitar nuevas pruebas, porque aún creía que eso era lo que yo tenía. Casi al mismo tiempo, una de mis hermanas vio una entrevista con el Dr. Coimbra donde habló sobre el tratamiento con altas dosis de vitamina D para las enfermedades autoinmunes. Ella se interesó, lo investigó y llamó a su clínica para pedir una cita para mí. Tuve mi primera cita con el Dr. Coimbra el 12 de junio de 2012. Mi cita duró tres horas y fue increíble. El Dr. Coimbra me diagnosticó Esclerosis Múltiple progresiva primaria y comencé el tratamiento de inmediato.

Unos días después, el neurólogo número tres me contactó. Los resultados de mi segunda ronda de pruebas habían regresado y la enfermedad de Devic se había descartado por completo. Dijo que deberíamos comenzar el tratamiento para la EM. Bueno, ya era demasiado tarde. Ya había empezado mi tratamiento para la EM.

Han pasado tres años y siete meses desde que empecé a tomar altas dosis de vitamina D. Todavía siento algunos de los síntomas, debido a las lesiones que tengo en mi médula espinal, pero todo ha mejorado mucho. La visión borrosa desapareció por completo, mi pierna izquierda se siente pesada a veces, pero ya no se "traba", puedo tolerar el calor mejor que antes, el problema de incontinencia casi desapareció y también puedo caminar mucho mejor.

En cuanto a mis últimas resonancias magnéticas, los resultados son increíbles. ¡Todas mis grandes lesiones cervicales han desaparecido por completo! La comparación de estas imágenes con las resonancias anteriores es simplemente increíble. Dos de las lesiones cerebrales también han desaparecido, solo quedaba una, casi imperceptible. Las lesiones torácicas se redujeron de tamaño y, desde que comencé el tratamiento, no he tenido nuevas lesiones.

Debido a que todavía tengo algunos síntomas, en mi última cita mi dosis de vitamina D se ajustó a 180.000 UI por día. Espero seguir mejorando. Este tratamiento es efectivo y muy fácil de seguir, especialmente si consideramos lo que nos ofrece en cambio. He mejorado mucho y sin efectos secundarios.

Leila M.
Coqueiral, Brasil
Enfermedad de Crohn y Espondilitis Anquilosante

En 2008, me diagnosticaron la enfermedad de Crohn. Pero para llegar a este diagnóstico, tuve que recorrer un camino largo y arduo. En mi primera visita al proctólogo, él pensó que tenía una enfermedad de transmisión sexual. Le dije que mi problema no era una enfermedad de transmisión sexual, ya que no había recibido una transfusión de sangre, nunca había compartido agujas y no tenía un estilo de vida que pudiera conducir a una enfermedad de transmisión sexual. El médico solicitó una batería de pruebas, incluido el VIH.

En esta cita, no fue posible realizar un examen de sigmoidoscopia, debido a que la región estaba demasiado inflamada. El médico me prescribió antibióticos, analgésicos y un antiinflamatorio. No tuve mejoras y volví a verlo la semana siguiente, pero como los resultados de las pruebas todavía no habían salido, me dijo que siguiera tomando los mismos medicamentos. Como creía que lo que tenía era algún tipo de infección, dijo que no podía recetar esteroides porque reducirían mi inmunidad y, según él, necesitaba todos mis anticuerpos para combatir la infección.

Aproximadamente 20 días después, los resultados de las pruebas llegaron. No tenía una enfermedad de transmisión sexual. El proctólogo luego prescribió esteroides, lo que minimizó la inflamación. Sin embargo, hubo muchos efectos secundarios, como insomnio, retención de líquidos y acné.

Seguí usando corticosteroides durante aproximadamente seis meses, y en este período finalmente me diagnosticaron la enfermedad de Crohn.

Los corticosteroides alivian mis síntomas. Hubo momentos en que la enfermedad entró en remisión y me sentí bien. Pero cada año tenía una crisis. Y en 2012, los corticosteroides dejaron de ser efectivos para controlar mis crisis. La enfermedad de Crohn se había infiltrado en mis articulaciones, causando artritis; en mis riñones, causando cálculos renales; en mi esófago, causando reflujo gastroesofágico, y el intestino grueso, causando sangrado anal y dolor continuo, así como exceso de gases y otras afecciones, como fisuras, hemorroides y estreñimiento severo.

Estaba muy enferma y mi única opción era el tratamiento con adalimumab. Pero cuando leí todos los efectos secundarios causados por este medicamento, me negué a tomarlo.

Recé mucho y le pedí a dios que me mostrara otro tratamiento. Una vez que llegué a casa después de ir a la iglesia, empecé a buscar en Google un tratamiento eficaz sin efectos secundarios, algo que podría eliminar los síntomas de Crohn. Mis oraciones fueron respondidas, y dios me mostró la solución al grave sufrimiento en el que estaba. Encontré un grupo en internet que hablaba sobre el tratamiento con altas dosis de vitamina D. Lo investigué y decidí intentarlo, y con un mes de uso, todos los síntomas mencionados anteriormente habían desaparecido.

Pero como las enfermedades autoinmunes pueden desencadenar otras enfermedades autoinmunes, justo cuando empecé a tomar vitamina D, me diagnosticaron espondilitis anquilosante, un tipo de artritis causada por la enfermedad de Crohn. Fui a cuatro reumatólogos. Tres me dijeron que no podía prescindir del uso del medicamento y que dejaría de caminar si no comenzaba el tratamiento convencional lo antes posible. Me dieron un plazo de 30 días para iniciar el tratamiento. En todas mis citas, mencioné que había comenzado este tratamiento con vitamina D y la importancia de esta vitamina en las enfermedades autoinmunes. Todos los médicos parecían interesados.

Han pasado tres años. No tomé los inmunosupresores, y nunca he estado tan sana como hoy. Ahora tengo calidad de vida, puedo comer de todo, nada de lo que como me hace daño, hago mis tareas domésticas y he vuelto a hacer ejercicio.

Me siento muy afortunada de haber recibido el conocimiento acerca de la vitamina D. Ya no recuerdo que tengo enfermedad de Crohn y espondilitis anquilosante.

Quiero compartir mi experiencia con todas las personas que también tienen estas enfermedades, y pedirles que se animen y busquen un tratamiento indoloro, sin efectos secundarios. Este tratamiento es la vitamina D.

David N.
São Paulo, Brasil
Esclerosis Múltiple

Después de muchas, muchas pruebas y citas con varios médicos y neurólogos, a fines de 2012 me diagnosticaron EM. Durante meses sentí mareos y torceduras en la boca, mi cara temblaba y, a veces, mi razonamiento y mi discurso se confundían. Pensé lo peor. Tenía 33 años y estaba muy asustado en ese momento.

Empecé a leer todo lo que podía sobre la EM. Mi esposa encontró un grupo en internet de personas con EM que seguían un tratamiento con altas dosis de vitamina D, y todos parecían muy satisfechos. Así fue como descubrí el tratamiento con vitamina D. Estaba en el hospital tomando esteroides debido a la recaída y la enfermera estaba preocupada porque yo estaba pegado a la computadora toda la noche, leyendo todo lo que podía sobre este tratamiento. Decidí empezar el Protocolo Coimbra de inmediato, menos de un mes después de mi diagnóstico. No llegué a empezar el tratamiento convencional. También leí mucho sobre los medicamentos convencionales y opté por seguir solo el tratamiento con vitamina D.

También cambié un poco mi estilo de vida. Tengo una dieta más saludable ahora y trato de evitar los alimentos inflamatorios, como el azúcar, la comida rápida y los refrescos. Hago ejercicio y me aseguro de dormir lo suficiente. En los primeros ocho meses de tratamiento tuve algunos altibajos. Sabía que era común tener estas fluctuaciones hasta que la vitamina D comenzara a ser efectiva y la enfermedad se estabilizara. Los altibajos usualmente ocurren cuando pasamos por un estrés severo o estamos expuestos al calor intenso, por lo que ahora tomo precauciones para evitar el estrés y el calor. Desde que empecé a tomar altas dosis de vitamina D, no he tenido ningún brote, y ya no siento que mi cuerpo es impredecible. Vivo sin miedo a las recaídas, viajo y trabajo mucho, hago skate, y hoy puedo decir que me siento mejor que antes de mi diagnóstico. Espero seguir de esta manera.

Lo que les digo a los que comienzan el tratamiento con vitamina D es que funciona, y funciona muy bien. Puede llevar algún un tiempo, pero siempre que tenga supervisión médica, realice los ajustes de dosis necesarios y tenga paciencia, será eficaz. Como dice otro paciente, "con altas dosis de vitamina D, solo las mejoras son progresivas".

En el momento de mi diagnóstico, solía leer las muchas historias positivas del grupo, cómo las personas se recuperaban con el Protocolo Coimbra, y siempre me preguntaba si algún día podría decir lo mismo. ¡Gracias a dios, sí, puedo! Han pasado más de tres años y sigo haciendo todo lo que hacía antes de mi diagnóstico. En realidad, hoy hago más cosas. Ahora tengo una hija de un año en casa y un trabajo muy exigente.

Me hicieron resonancias en 2012, 2013 y 2014. En cada prueba, los resultados fueron mejores, con una ligera disminución en el tamaño de algunas lesiones y la desaparición completa de otras. El hecho es que en cada resonancia el número y el tamaño de mis lesiones disminuyeron gradualmente. La próxima resonancia magnética está programada para fines de 2016. En mi última cita con mi médico, en 2015, dijo que la enfermedad está totalmente estabilizada. Solo necesito verlo una vez al año a partir de ahora. Los resultados de todas las pruebas están bien, pero como continuaré tomando altas dosis de vitamina D, debo seguir haciéndome los controles regulares. Además, necesito mantener la dieta del protocolo con sus restricciones básicas. En resumen, sigo trabajando duro, viajando, divirtiéndome, disfrutando de mi bebé e incluso teniendo los problemas comunes de la vida cotidiana, sin preocuparme por las recaídas y la EM.

Una curiosidad: cuando me diagnosticaron en 2012, no podía andar en motocicleta debido al mareo que sentía. Pensé que nunca podría volver a manejarla, así que vendí mi moto que me encantaba. Después de aproximadamente 8 meses de tratamiento, había mejorado tanto que compré otra motocicleta, y esta vez compré una de motocross. Por lo general, hago motocross los domingos, con saltos de más de un metro de altura (bueno, bueno ... saltos de aficionados), sin que la EM se interponga en el camino. Los otros motociclistas no tienen idea de que tengo EM.

Ahora, he conocido personalmente a varios de los pacientes de quienes solía leer los testimonios. He conocido personalmente a más de 50 personas que siguen el tratamiento con altas dosis de vitamina D y están muy felices con él. En 2013 también tuve el privilegio de conocer al Dr. Michael Holick, que estuvo presente en un evento en São Paulo con el Dr. Cicero Coimbra y muchos de sus pacientes.

¡Viva el Dr. Cicero Coimbra y todos los médicos que prescriben este protocolo! Espero que más y más personas en todo el mundo tengan acceso a este tratamiento, y que más y más médicos se interesen por este protocolo tan fantástico. También espero que todas las personas con EM tengan sus niveles de vitamina D controlados, ya que varios estudios informan que los niveles más bajos de vitamina D son factores de riesgo para la actividad y la progresión de la EM, y cada día vemos nuevos estudios que relacionan la vitamina D con el riesgo de EM, recaídas y progresión de la enfermedad. Aunque es difícil, debido a la fuerte presión de las grandes empresas farmacéuticas, todavía tengo la esperanza de que algún día la vitamina D sea la primera opción de tratamiento para las enfermedades autoinmunes, o al menos que todos los pacientes que elijan este tratamiento tengan acceso a él. ¡Buena salud a todos nosotros!

Dr. Cicero, ¡gracias!

Yara C.
São Paulo, Brasil
Esclerosis Múltiple

He sido paciente del Dr. Cicero Coimbra durante casi seis años y cumplí su protocolo rigurosamente. Llegué a él en estado deplorable, con pérdida de visión en el ojo izquierdo (solo veía un 20 por ciento), problemas de habla y concentración, un horrible hormigueo en todo el cuerpo, neuralgia del trigémino, falta de coordinación en el brazo y la pierna izquierda y el síntoma más grave de todos: un vértigo muy fuerte que me afligía las 24 horas del día, los siete días de la semana. Apenas podía ir al baño sola, y solía caerme incluso cuando usaba las paredes para apoyarme. Era una sensación indescriptible, como caer en el hueco de un ascensor, pero hacia atrás y con todo lo que me rodeaba en círculos. No podía girar la cabeza ni siquiera cuando estaba acostada en la cama. Estuve en esta situación durante varios meses.

En ese momento estaba tomando copaxona, lo que no me ayudaba, además de producirme terribles efectos secundarios. Como había sido profesional de marketing farmacéutico durante más de 10 años, sabía exactamente quién se estaba beneficiando de ese medicamento, y no era yo. Estaba empeorando visiblemente.

Pensé que tenía que haber otra alternativa, y decidí buscarla. Fue entonces que encontré un grupo de pacientes del Dr. Cicero Coimbra, en los Grupos de Yahoo. Pasé un par de meses leyendo sus relatos del tratamiento, haciendo preguntas e interactuando con ellos. Me mostraron muchos estudios científicos que relacionan la vitamina D con la mejoría clínica en pacientes con Esclerosis Múltiple, y esto definitivamente despertó mi interés en esta nueva terapia. Hablé con algunos pacientes que estaban disponibles para responder a todas mis preguntas, y luego comenzó a surgir un nuevo camino en mi vida.

Pedí una cita con el Dr. Cicero. Sin embargo, a pesar de todos los testimonios que muestran el éxito terapéutico de las altas dosis de vitamina D y los amplios antecedentes científicos que respaldaron este nuevo tratamiento, tuve miedo. Tomar una decisión en lo desconocido siempre es difícil, y romper nuestros propios paradigmas no es algo fácil de hacer. Al fin, al cabo, al abandonar el tratamiento convencional, estaría confrontando la opinión de neurólogos que, hasta entonces, consideraba los mejores en mi país. Sabía que el Dr. Cicero no era bien aceptado entre sus colegas médicos porque él había propuesto un cambio: se había atrevido a ir más allá del consenso general. Pero también sabía que aquellos que se atreven a proponer nuevas ideas suelen ser ridiculizados al principio, incluso cuando hay evidencias claras de que están recorriendo el camino del éxito y la ética profesional.

Reflexioné mucho sobre todo esto antes de que finalmente fuera a la cita. Era mi vida la que estaba en juego y no tenía la intención de actuar por impulso y mucho menos a ciegas. Desde el día de mi primera cita, un futuro soleado empezó a brillar en el horizonte y una nueva historia se desarrollaba. Ese médico, con gran e inesperada humildad, aunque de una manera muy contundente, me miró profundamente a los ojos y dijo: "Yara, la pesadilla ha terminado. Ya no tendrás problemas con la esclerosis múltiple".

Dejé de tomar copaxona durante el primer mes de tratamiento. Pocos meses después, precisamente siete meses, empecé a mejorar significativamente. Empecé a dar algunos pasos sola; un día caminé cinco metros, al siguiente caminé 10 metros, y al día siguiente ya eran 20 metros. A veces, incluso este pequeño esfuerzo era demasiado y tenía que pasar toda una semana en casa, recuperándome. Pero no me rendí. Regresé al trabajo porque sabía que mi recuperación también dependía de mi compromiso y equilibrio emocional. En ese momento, ya había visto un video del Dr. Cicero en YouTube, donde habló sobre el impacto del estrés y la ansiedad en el proceso de envejecimiento y en las enfermedades autoinmunes. Citó muchos estudios importantes, ampliamente consolidados en la literatura científica, y lo que dijo me hizo reflexionar profundamente sobre los patrones de comportamiento que había adoptado sistemáticamente a lo largo de los años; patrones que simplemente ponen mi sistema inmunológico en alerta y hacen que ataque mi propio cuerpo. Ya tenía claro que el control emocional era un factor importante en mi recuperación. Necesitaba, más que nunca, controlar mi ansiedad.

En esta cita, que arrojó tanta luz sobre mis conflictos internos, el Dr. Cicero explicó cómo el estrés continuo bloquea la neurogénesis, el nacimiento de nuevas neuronas. Por lo tanto, si quisiera tener éxito en el tratamiento que había elegido, sabía que debía actuar con ese precioso conocimiento científico. Me había costado toda una vida, desde mi preadolescencia, acumular todos mis problemas emocionales y físicos, y no podía esperar deshacerme de ellos de la noche a la mañana. Sabía que necesitaba practicar la paciencia y la perseverancia. No fue fácil, pero lo logré. Meses más tarde ya estaba caminando casi ocho quilómetros por día, sola y rápidamente. Todos mis síntomas desaparecieron completamente, excepto por un fuerte zumbido en ambos oídos debido al vértigo, pero digamos que he aprendido a vivir con él. Bromeo y digo: "¿Qué es un poco de zumbido para alguien que ni siquiera podía peinarse?" (Risas).

Definitivamente, nací de nuevo. Una vez, un paciente que ha seguido el protocolo por más tiempo que yo dijo lo mismo: que nació de nuevo después de conocer al Dr. Cicero. No tenía perspectivas de mejorar, pero luego el Dr. Cicero le devolvió la vida, como si fuera un regalo envuelto en una hermosa caja con las palabras: "Aquí está, continúa y sé feliz".

Y esa es exactamente la sensación que tengo ahora, he recibido de vuelta mi vida, como un regalo. Año tras año, las pruebas de imagen confirman que he tomado la mejor decisión posible. Muchas lesiones simplemente desaparecieron, otras siguen allí, como cicatrices, pero no ha habido progresión de la enfermedad.

¡Ninguna progresión en absoluto! Este hecho en sí mismo ya es motivo de celebración, y siento la más profunda gratitud por este médico que ha dedicado su vida a sus pacientes.

Hoy, cuando comparo mi realidad con la de otros pacientes que me criticaron mucho cuando opté por una forma innovadora (sí, enfrenté muchas críticas cuando elegí iniciar el Protocolo Coimbra), la tristeza invade mi corazón. Muchos de ellos ya están en sillas de ruedas; algunos no pueden ver bien, otros padecen los efectos secundarios graves de los medicamentos recetados, incluida la PML. Para mí es devastador saber que esto está sucediendo cuando hay una opción mejor. Sé muy bien lo aterradora que es la vida cuando uno está pasando por una nueva recaída, esperando sesiones de esteroides en hospitales y temiendo un futuro incierto y doloroso. Y es esta sensación de no conformidad por algo que se puede cambiar fácilmente con información que me impulsa a dedicar parte de mi tiempo a llevar las buenas nuevas a tantos lugares como pueda, a través de mi experiencia.

Muchos otros pacientes sienten la misma necesidad de decir que tan bien y sanos están. Los familiares y amigos de estos pacientes también quieren hacer su contribución. Somos un grupo de personas de todo el mundo que simplemente sentimos el deber moral de transmitir información sobre lo que hemos recibido. Queremos compartir con otros que, sí, existe una solución para las enfermedades autoinmunes. Hay una solución para tanto sufrimiento y dolor. Soy una persona nueva hoy. Creo que es simplemente imposible pasar por una experiencia tan vital: recibir el diagnóstico de una enfermedad neurológica progresiva e incurable y encontrar de inmediato un tratamiento que simplemente "borre" esta enfermedad para siempre, y no despertarse de un sueño profundo.

Siento que estaba profundamente dormida. Es como si estuviera con una venda que me impedía ver los matices de mi propia personalidad; ver rasgos que me llevaron a boicotearme y repetir patrones de comportamiento que me traicionaron a lo largo de los años. Finalmente, pude entender que nuestras emociones tienen un gran impacto en cada célula de nuestro cuerpo. Todavía me observo a mí misma y trato de no reaccionar de manera exagerada cuando enfrento las dificultades de la vida cotidiana. Trato de ser más indulgente conmigo misma y menos crítica con la vida. Trato de no permitirme alcanzar los niveles de estrés que solía tener antes, pero si eso sucede, sé cómo volver a la normalidad. Dejo que el río de la vida siga su curso y luego vuelvo a mi punto de equilibrio. Y nunca dejo de pensar en esa entrevista con el Dr. Cicero en YouTube: "Las personas en constante angustia, las que están nerviosas y preocupadas tienen más probabilidades de desarrollar enfermedades neurodegenerativas".

Para concluir mi testimonio, debo señalar que desde que comenzó el mundo, la vida gira alrededor del sol. Entonces, ¿cómo hemos llegado a pensar que podemos ignorar esto y evitar completamente el sol con impunidad? ¿Cómo podemos prescindir de un mecanismo que la naturaleza tardó millones de años en desarrollar para proporcionar vida en la Tierra y simplemente no sufrir las consecuencias? Así que debemos despertar. Despertemos del sueño profundo que ha traído la vida moderna y brindemos el sol. Brindemos la vida y sus infinitas posibilidades. A la vitamina D y la ruptura de viejos paradigmas.

Adendum

"No hay secretos que el tiempo no revele."
Juan Racine

Seis años después...

   Estimado lector, es maravilloso, y también un poco extraño, volver a abrir este archivo después de todos estos años. Han pasado tantas cosas y, al mismo tiempo, apenas puedo creer que hayan pasado seis años desde que publiqué este libro por primera vez. Probablemente podría llenar muchas páginas con mis noticias (¡no se preocupen, no lo haré! Risas), pero voy a escribir esta actualización como escribí el libro original, con la intención de ser clara y concisa, y obtener directamente al grano sobre lo que es importante aquí: la esclerosis múltiple y la vitamina D. Entonces, este será un capítulo informal, solo un breve diálogo entre nosotros, para que sepan cómo estoy hoy con las altas dosis de vitamina D.
   Solo hay algunos temas que me gustaría cubrir, y dado que ninguno de ellos requerirá un capítulo completo, daré formato a esta sección usando Preguntas y Respuestas, tal como lo hice en el Capítulo 3. Entonces, sin más preámbulos, vayamos al grano.

¿Cuánto tiempo llevo en el Protocolo de Coimbra?

A principios de 2022 cumplí catorce años en el Protocolo de Coimbra.

¿Cómo estoy ahora?

Hoy estoy mejor que nunca desde que me diagnosticaron esclerosis múltiple. Estoy mejor de lo que estaba en 2016 cuando publiqué este libro. En aquel momento, todavía tenía síntomas, principalmente hormigueo y entumecimiento en brazos y manos. No puedo decir que hayan desaparecido por completo y, de hecho, creo que son una secuela de la EM. Pero en los últimos años, estos síntomas se han vuelto menos frecuentes y menos intensos, al punto que pasan muchos meses sin que los sienta, e incluso cuando vuelven, suelen ser tan leves que no me molestan.

Estos síntomas son los últimos resquicios que me quedan de la EM, ya que todo lo demás (intolerancia al calor, fatiga, etc.) ya había desaparecido en 2016.

Una cosa más que ha cambiado en los últimos seis años es que ya no me preocupo por la EM. Cuando escribí este libro, me sentía muy saludable y con mucha confianza en mi tratamiento, pero solo tenía ocho años del diagnóstico. Como la EM es una enfermedad progresiva, sabía que aún podría tener problemas en el futuro.

Ahora, la situación es bastante diferente. Han pasado más de catorce años desde mi diagnóstico y más de catorce años desde que comencé el Protocolo Coimbra. Casi una década y media sin nuevos síntomas o empeoramiento de los síntomas antigos. Además, ahora tengo cincuenta y cuatro años, una edad en la que, para muchas personas, la esclerosis múltiple se vuelve menos agresiva por la simple razón de que el sistema inmunológico se está debilitando.

Por estas razones, tengo mucha confianza en que la esclerosis múltiple no me causará más problemas. Sé que siempre existe la posibilidad de equivocarme; así que tengo a mi neuróloga aquí en los EE. UU. y acudo a todas mis citas y seguimientos según necesario. Pero la enfermedad no es una preocupación en mi vida, ni siquiera algo que afecte significativamente mi vida. Como le dije recientemente a una querida amiga, creo que "me esquivé de esa bala".

¿Sigo tomando altas dosis de vitamina D?

Sí. Hace unos años, pude reducir mi dosis de 60.000 UI a 50.000 UI. Y hace poco más de un año, a 40.000 UI. Tengo la esperanza de que en un futuro cercano podré tomar una dosis aún más pequeña.

¿Tuve algún problema o efecto secundario con las altas dosis de vitamina D?

Ninguno. Durante estos catorce años, todos los resultados de mis pruebas han sido normales. Tengo una osteopenia muy leve, que es la misma que tenía en 2016 cuando escribí el libro. Los médicos lo consideran normal para mi edad. Mis funciones renales, hepáticas y tiroideas siempre han sido excelentes. Durante mi tratamiento, además de los exámenes habituales del protocolo, también me hicieron unas radiografías de los riñones, todas con resultados normales.

Hace unos meses, tuve una excelente noticia. Debido a los síntomas de la menopausia que he estado experimentando, mi ginecóloga ordenó una tomografía computarizada de los sistemas urinario y reproductivo. Confieso que tenía mucha curiosidad por ver los resultados, ya que nunca me había hecho tomografías de riñones, vejiga, etc. El examen fue absolutamente normal. Ni rastro de calcificación de tejidos por ningún lado, ni siquiera un grano de arena en mis riñones. Entonces, en cuanto a los posibles efectos secundarios de la vitamina D, puedo decir que en catorce años no he tenido ninguno.

¿He tenido más resonancias magnéticas desde 2016?

No. Mis últimas resonancias magnéticas se realizaron en 2015, justo antes de comenzar a escribir este libro. Recuerdo haber escrito que había decidido tomarme un descanso de las resonancias magnéticas durante algunos años a menos que desarrollara nuevos síntomas. Bueno, como eso no sucedió, este descanso está tomando más tiempo de lo que había planeado.

La verdad es que no tengo ganas de hacer este examen. Tuve muchas, muchas resonancias magnéticas en los primeros años de mi diagnóstico. Cualquier hormigueo que sentía me ponía nerviosa, asustada, e inmediatamente llamaba a mi neuróloga y ella ordenaba una resonancia magnética. En 2016, me sentí como si hubiera tomado una sobredosis de resonancias magnéticas y gadolinio.

Otra razón de mi falta de interés en una resonancia magnética es que, en este momento, lo haría más por curiosidad que por otra cosa. Sería interesante ver qué pasó con mis viejas lesiones, e incluso ver si hubo una pérdida de materia gris (atrofia cerebral), que ahora sabemos que ocurre más rápido en pacientes con EM.

Pero, en los EE. UU., incluso con los mejores planes de seguro, los costos médicos pueden ser bastante altos. Tengo muy buena cobertura de salud y, sin embargo, mi copago por una resonancia magnética de cerebro y columna cervical, con y sin contraste, suele rondar los dos mil dólares. Si creyera que fuera necesario, ciertamente lo haría. Pero por ninguna razón más fuerte que la curiosidad, puedo pensar en al menos una docena de cosas que preferiría hacer con mi dinero. Así que tal vez algún día cambie de opinión, pero en este momento, no pienso hacer una resonancia magnética muy pronto.

¿Sigo alguna dieta especial además de la dieta del Protocolo?

No. Todavía estoy haciendo lo que describí en el libro en 2016, tratando de comer sano pero sin evitar ningún tipo de alimento. Todavía como gluten. Todavía como azúcar. Evito los lácteos y los alimentos ricos en calcio, y disfruto todo lo demás, con moderación, por supuesto. También sigo realizando regularmente todas las pruebas requeridas para verificar mis niveles de calcio. Mi neuróloga aquí en los EE. UU., así como mi médico general y mi ginecóloga ordenan estas pruebas. Sé que he sido tan bendecida con estos médicos en mi vida, y ya les he dicho a cada uno de ellos que tienen mi más profunda gratitud.

¿Yo me ejercito?

Sí. Con la pandemia de Covid, dejé de ir al gimnasio, pero tengo un Bowflex y una cinta de correr en casa, así que hago ejercicio al menos una hora todos los días, los siete días de la semana. Casi nunca me salto un día, porque realmente no me siento bien cuando no hago ejercicio. También me encanta el senderismo, así que lo hago con la mayor frecuencia posible.

¿Sigo tomando enzimas?

Sí. Antes de la pandemia de Covid, estaba reduciendo lentamente la cantidad de Betaine HCL y Bromelain que tomaba todos los días. Luego, durante la pandemia, tuve un severo ataque de reflujo. ¡El primero en diez años! Todavía no estoy segura de si la causa del brote fue solo la dosis más baja de enzimas, o tal vez se debió a todo el estrés que estaba experimentando en ese momento, con el encierro, la imposibilidad de visitar a mi familia en Brasil, etc.

Inmediatamente volví a tomar la cantidad de enzimas que tomaba antes, y mi acupunturista también me recetó algunas hierbas para acelerar mi recuperación. Como esta recaída ocurrió en el punto álgido de la pandemia, opté por no hacer sesiones de acupuntura presenciales. Pero con el tratamiento, los síntomas disminuyeron lentamente y, después de unos dos meses, desaparecieron por completo.

Después de esa experiencia, aprendí la lección y no voy pasar demasiado tiempo sin mis enzimas otra vez. Actualmente, tengo que tomar cinco cápsulas de Betaine HCL y dos cápsulas de Bromelain con cada comida abundante que contenga proteínas. Las comidas más pequeñas, o las comidas sin proteínas, no requieren enzimas.

¿Tuve Covid o me vacuné contra el Covid?

Esta es una pregunta que recibo mucho de otros pacientes, y las respuestas son: No y Sí. No, no tuve Covid (o si lo tuve, no lo supo), y sí, me vacuné. Hasta ahora, he recibido tres dosis de la vacuna. Las dos primeras fueron Pfizer y la segunda, Moderna. No tuve absolutamente ningún efecto secundario, ya sea relacionado con la vacuna en sí o relacionado con la esclerosis múltiple. Después de tomar mis tres dosis, hice algunos viajes internacionales. Volé unas seis veces y nunca me enfermé ni tuve ningún tipo de síntoma, así que me sentí muy aliviada por eso. Este año tengo la intención de ir a Brasil nuevamente y tomaré otro refuerzo antes de la viaje.

¿He tenido otros problemas de salud en los últimos seis años?

Algunos, pero nada demasiado grave. Hace tres años me diagnosticaron glaucoma, que requiere dos tipos de gotas para los ojos para mantenerlo bajo control, ya veces eso me preocupa un poco.

También tuve un período muy difícil con el final de mis ciclos menstruales y el inicio de la menopausia. Estuve dos años con sangrado muy fuerte, hasta veinte días al mes, lo que me obligó a tomar hierro, ya que mis niveles de hierro y ferritina siempre estaban bajos. Posteriormente, tuve que operarme para extirpar un pólipo hemorrágico del útero, que estaba empeorando el sangrado. Y luego, comencé a tener fuertes síntomas menopáusicos como sofocos constantes, insomnio, sudores nocturnos, fatiga mental y aumento de peso, entre otros. Soporté estos síntomas durante casi dos años, con la esperanza de que disminuyeran con el tiempo. Pero se mantuvieron intensos.

Hace unos meses hice una cita con una especialista en menopausia. Hablamos de algunas opciones posibles para mi caso, principalmente medicamentos o productos naturales para síntomas específicos. Pero al final, decidí empezar a tomar hormonas bioidénticas. Esto era algo que no estaba segura de querer hacer, y tal vez si mis síntomas no hubieran estado interfiriendo tanto con mi vida diaria, mi decisión hubiera sido diferente. Sin embargo, sopesando todos los pros y los contras, decidí que era la mejor opción para mí. Hace dos meses comencé la Terapia de Reemplazo Hormonal y ya me siento mucho mejor. La fatiga mental está disminuyendo, los sofocos son mucho más ligeros y menos frecuentes, los sudores nocturnos casi han desaparecido. También perdí tres kilos y mi sueño ha mejorado mucho.

Creo que vale la pena mencionar que la última vez que vi al Dr. Coimbra fue en 2016. Durante nuestra reunión, le pregunté sobre las hormonas bioidénticas, ya que sabía que no tardaría mucho en entrar en la menopausia. No se si haya cambiado de opinión desde entonces, pero en ese momento me dijo que no tenía nada en contra de usar estas hormonas, al contrario, que él mismo las usaría si las necesitara.

Estos son los problemas de salud con los que he estado lidiando durante los últimos años. Es un alivio decir que ninguno de ellos está relacionado con la EM o las altas dosis de vitamina D.

***

Como dije al principio de este anexo, probablemente podría escribir muchas páginas detallando mi progreso durante los últimos seis años. Pero aunque me gusta escribir, esa no es la intención de este capítulo. Solo quería darles a todos una descripción general de mi salud para que puedan tener una idea de qué esperar si deciden seguir el protocolo a largo plazo.

Espero haberlos tranquilizado.

Para el paciente con enfermedade autoinmune que me lee en este momento, ¿qué más puedo decir? Te deseo lo mejor. Quiero que descubras desde el principio que hay opciones. Que es posible vivir una vida productiva y saludable. Quizás con el Protocolo Coimbra o quizás con otro tratamiento. Lo importante es que encuentres el mejor para ti. E independientemente de su elección, o del tratamiento que decida que es el más adecuado, le deseo mucho éxito en su jornada y mucha salud en su vida.

Con amor,
Ana Claudia
10/2022

Referencias

Videos

Vitamina D – Por Uma Outra Terapia (subtítulos inglés y español)
https://www.youtube.com/watch?v=erAgu1XcY-U

Coimbra, Vitamina D e Patologie Autoimmuni (subtítulos inglés y italiano)
https://www.youtube.com/watch?v=hOfO29rL-gI

Grupos de Facebook

Protocolo Coimbra: Vitamina D para Esclerosis Múltiple y demás Autoinmunes (español)
https://www.facebook.com/groups/emperu/

PROTOCOLO COIMBRA - Brasil (portugués)
https://www.facebook.com/groups/EscleroseMultiplaOTratamento/

Coimbra Vitamin D Protocol For MS & Autoimmune Disorders (inglés)
https://www.facebook.com/groups/vitamindprotocolnorthamerica/

Per un'altra terapia – Vitamina D per la SM e per le malattie autoimmuni (italiano)
https://www.facebook.com/groups/protocolloCoimbra/

Gruppe Coimbraprotokoll - Vitamin D gegen Autoimmunerkrankungen (alemán)
https://www.facebook.com/groups/Coimbraprotokoll/

Sitios y páginas web

Protocolo Coimbra – Español
https://www.facebook.com/ProtocoloCoimbraEspanol/

High Doses of Vitamin D for Autoimmune Diseases - Coimbra Protocol (inglés)
https://www.facebook.com/coimbraprotocol/

Coimbra Protocol (inglés)
https://www.coimbraprotocol.com/

Protocolo Coimbra – Vitamina D Por Uma Outra Terapia (portugués)
https://vitaminadporumaoutraterapia.wordpress.com/

Videos de declaraciones

Esclerose Múltipla e Vitamina D (Esclerosis Múltiple and High Dose Vitamin D) – Este es un video que hice para el Vitamin D Council Newsletter en diciembre de 2014 (inglés)
https://www.youtube.com/watch?v=n4QyPA4SRQI

Listado actualizado de médicos

Google Maps: Listado de médicos del Protocolo Coimbra
https://www.google.com/maps/d/viewer?hl=en_US&app=mp
&mid=zK5He46-QQkM.kqPyJ2IosRyU

Apéndice

Cicero Galli Coimbra, MD, PHD
Departamento de Neurología e Neurocirugía
Universidade Federal de São Paulo (UNIFESP)
Laboratorio de fisiopatología clínica y experimental

Posiciones académicas

2000-actual
Profesor adjunto
Departamento de Neurología e Neurocirugía
Universidade Federal de São Paulo (UNIFESP)
Laboratorio de fisiopatología clínica y experimental

1997-2000
Profesor asistente
Departamento de Neurología e Neurocirugía
Universidade Federal de São Paulo (UNIFESP)
Laboratorio de fisiopatologia clínica y experimental

1993-1997
Investigador visitante
Departamento de Neurología e Neurocirugía
Universidade Federal de São Paulo (UNIFESP)
Laboratorio de fisiopatología clínica y experimental

Actividades
2010-actual
Fundador y Presidente
Instituto de Investigación y Tratamiento de las Enfermedades
Autoinmunes

2006-actual
Neurólogo consultor
Departamento de Medicina
Universidade Federal de São Paulo (UNIFESP)

2003-actual
Neurólogo consultor (Clínica privada)

1998-actual
Jefe del Laboratorio de fisiopatología clínica y experimental
Departamento de Neurología Neurocirugía
Universidade Federal de São Paulo (UNIFESP)

1997-actual
Profesor Asistente
Departamento de Neurología Neurocirugía
Universidade Federal de São Paulo (UNIFESP)
Laboratorio de fisiopatología clínica y experimental

1990-2004
Preceptor y neurólogo asistente
Hospital do Servidor Público - São Paulo

1986-1988
Neurólogo asistente
Hospital Escuela Universidade Federal de São Paulo

Formación académica
1999
Habilitación
Departamento de Neurología Neurocirugía
Universidade Federal de São Paulo (UNIFESP), Brasil

1991-1993
Post doctorado
Laboratorio de Investigación Cerebral Experimental

University of Lund, Sweden

1988-1991
Doctorado, Neurología
Laboratorio de Neurología Experimental
Universidade Federal de São Paulo (UNIFESP), Brasil

1986-1987
Máster, Neurología
Laboratorio de Neurología Experimental
Universidade Federal de São Paulo (UNIFESP), Brasil

1984-1985
Beca en Neurología Pediátrica
Jackson Memorial Hospital in Miami, EE.UU.

1981-1982
Residencia en Neurología Adulta
Universidade Federal do Rio Grande do Sul (UFRGS), Brasil

1979-1980
Residencia en Medicina Interna
Universidade Federal do Rio Grande do Sul (UFRGS), Brasil

1974-1979
Graduation in Medicine
Universidade Federal do Rio Grande do Sul (UFRGS), Brasil

Premios y reconocimiento
2008
Médicos mais admirados do Brasil (Revista "Análise Editorial",
Brasil)

2002
Poster Award - World Federation of Neurology
II International Congress on Vascular Dementia – Salzburg, Austria

1994
Prêmio Autregésilo – Academia Nacional de Medicina (Brasil)

Publicaciones

Capítulos
SINIGAGLIA-COIMBRA, R.; LOPES, Antonio Carlos;
COIMBRA,
C. / COIMBRA, C.G. Chapter 153 - Riboflavin, brain function
and health. Part 24 - Starvation and nutrient deficiency. In: Victor R
Preedy; Ronald R Watson; Colin R Martin. (Org.). The
International
Handbook of Behavior, Diet and Nutrition. The International
Handbook
of Behavior, Diet and Nutrition. 1ed.London: Springer, 2011, v.
4, p. 2427-2449.

SINIGAGLIA-COIMBRA, Rita; BORGES, Andréa Aurélio;
GRASSL,
Christian; LOPES, Antonio Carlos ; COIMBRA, C. / COIMBRA,
C.G. III. Hyperthermia following ischemia-reperfusion as a valuable
tool for pre-clinical development of therapeutic strategies relevant to
human dementias. In: Ryszard Pluta. (Org.). Ischemia-reperfusion
pathways in Alzheimer's Disease. Ischemia-reperfusion pathways in
Alzheimer's Disease. 1ed.Hauppauge: Nova Science Publishers, 2007,
v. 1, p. -.

COIMBRA, C. / COIMBRA, C.G. Are brain dead (or brain-stem
dead) patients neurologically recoverable?. In: Roberto Mattei.
(Org.).
Finis Vitae - Is brain death still life? Finis Vitae - Is brain death still
life?. 2ed.Calábria: Rubbettino Editore, 2007, v. 1.
COIMBRA, C. / COIMBRA, C.G. The apnea test - A bedside lethal
'disaster' to avoid a legal 'disaster' in the operating room. In: Roberto

de Mattei. (Org.). Finis Vitae - Is brain death still life?. Finis Vitae - Is
brain death still life?. 1ed.Calábria: Rubbettino Editore, 2006, v. 1, p. 336-.

Artículos
Favero-Filho, L.A.; Borges, A.A.; Grassl, C.; Lopes, A.C.; COIMBRA,
C. / COIMBRA, C.G; Coimbra, C.G. Hyperthermia induced after recirculation triggers chronic neurodegeneration in the penumbra zone
of focal ischemia in the rat brain. Brasilian Journal of Medical and Biological
Research (Impresso) v. 41, p. 1029-1036, 2008.

DALPAI, Janise; BORGES, Andréa Aurélio; GRASSL, Christian; FAVEROFILHO, Luiz Antonio; XAVIER, Gilberto Fernando; JUNQUEIRA,
Virginia Berlanga Camargo; LOPES, Antonio Carlos; COIMBRA, C. / COIMBRA, C.G; SINIGAGLIA-COIMBRA, Rita.
Dietary riboflavin restriction abd chronic hemin administration does not alter brain function in rats: The importance of vitamin homeostasis
in the brain. Current Topics in Nutraceutical Research, v. 5, p. 101-108, 2007.

COIMBRA, C. / COIMBRA, C.G; JUNQUEIRA, Virginia Berlanga
Camargo. Response to the Comments of H.B. Ferraz et al. about the paper "High doses of riboflavin and the elimination of dietary red meat
promote the recovery of some motor functions in Parkinson's disease patients. Brasilian Journal of Medical and Biological Research, v. 37, p. 1297-1302, 2004.

COIMBRA, C. / COIMBRA, C.G; JUNQUEIRA, V. B. C. High doses of riboflavin and the elimination of dietary red meat significantly promote the recovery of some motor functions in Parkinson's disease. Brasilian Journal of Medical and Biological Research, v. 39, n.10, p. 1409-1417, 2003.

SINIGAGLIA-COIMBRA, R.; CAVALHEIRO, Esper Abrão; COIMBRA, C. / COIMBRA, C.G. Postischemic hyperthermia induces Alzheimer-like pathology in the rat brain. Acta Neuropathologica, Berlin, v. 103, n.5, p. 444-452, 2002.

SINIGAGLIA-COIMBRA, Rita; CAVALHEIRO, Esper Abrão; COIMBRA, C. / COIMBRA, C.G. Protective effect of systemic treatment with cylosporine A after global ischemia in rats. Journal of the Neurological Sciences, Amsterdam, v. 203-4, p. 273-276, 2002.

COIMBRA, C. / COIMBRA, C.G. Morte cerebral. Falhas nos critérios de diagnóstico. Ciência Hoje, Rio de Janeiro RJ, v. 27, n.161, p. 26-30, 2000.

COIMBRA, C. / COIMBRA, C.G. Implications of ischemic pemumbra for the diagnosis of brain death. Brasilian Journal of Medical and Biological Research, São Paulo, v. 32, n.12, p. 1479-1488, 1999.

COIMBRA, C. / COIMBRA, C.G. Morte encefálica: um diagnóstico agonizante. Revista de Neurociências, São Paulo, v. 6, n.2, p. 58-68, 1998.

COIMBRA, C. / COIMBRA, C.G; BORIS-MÖLLER, F.; DRAKE,

M.; WIELOCH, T. Diminished neuronal damage in the rat brain by late treatment with the antipyretic dipyrone or cooling following cerebral
ischemia. Acta Neuropathologica, v. 92, p. 447-453, 1996.

COIMBRA, C. / COIMBRA, C.G; DRAKE, M.; BORIS-MÖLLER,
F.; WIELOCH, T. Long-lasting neuroprotective effect of postischemic
hypothermia and treatment with an anti-inflammatory/antipyretic drug: evidence for chronic encephalopathic processes following ischemia.
Stroke, v. 27, p. 1578-1585, 1996.

COIMBRA, C. / COIMBRA, C.G; CARVALHO, A C; OLIVEIRA,
R. J.; SINIGAGLIA, R.; SANTOS, G.; CAVALHEIRO, Esper Abrão.
Effects of reperfusion under moderate hypothermia on ischemic brain damage. Ciência e Cultura (SBPC), v. 47, p. 266-268, 1995.

CARVALHO, A C; OLIVEIRA, R. J.; SINIGAGLIA, R.; SANTOS, G.; COIMBRA, C. / COIMBRA, C.G; CAVALHEIRO, Esper Abrão.
Efeitos da reperfuSão sob hipotermia moderada na lesão cerebral isquêmica. Ciência e Cultura (SBPC), São Paulo, v. 47, n.4, p. 266-268, 1995.

COIMBRA, C. / COIMBRA, C.G; WIELOCH, T. Moderate hypothermia
mitigates neuronal damage in the rat brain when initiated several hours following transient cerebral ischemia. Acta Neuropathologica,
v. 87, p. 325-331, 1994.

COIMBRA, C. / COIMBRA, C.G; WIELOCH, T. Hypothermia

ameliorates neuronal survival when induced 2 hours after ischaemia in the rat. Acta Physiologica Scandinavica, v. 146, p. 543-544, 1992.

COIMBRA, C. / COIMBRA, C.G; CAVALHEIRO, Esper Abrão. Protective effect of short-term post-ischemic hypothermia on the gerbil brain. . Brasilian Journal of Medical and Biological Research, v. 23, p. 605-611, 1990.

COIMBRA, C. / COIMBRA, C.G; CIFUENTES, F. E.; CAVALHEIRO, Esper Abrão. Thyroid hormones and the pathophysiology of brain ischemia. Ciência e Cultura (SBPC), v. 42, p. 471-475, 1990.

COIMBRA, C. / COIMBRA, C.G; CIFUENTES, F. E.; CAVALHEIRO, Esper Abrão. Correlation of postural and pathological findings in a modified four vessel occlusion model of rat forebrain ischemia. Brasilian Journal of Medical and Biological Research, v. 22, p. 1237-1250, 1989.

TURSKI, W. A.; CAVALHEIRO, Esper Abrão; COIMBRA, C. / COIMBRA, C.G; BERZAGHI, M. P.; IKONOMIDOU-TURSKI, C.; TURSKI, L. Only certain antiepileptic drugs prevent seizures induced by pilocarpine. Brain Research, v. 434, p. 281-305, 1987

Notas

[1] Cicero Galli Coimbra, MD, PHD, Departmento de Neurologia y Nerocirurgia, Universidade Federal de São Paulo (UNIFESP), Laboratório de fisiopatologia clínica e experimental. (Ver el currículo del Dr. Coimbra en el Apéndice.)

[2] Ginde, Adit A; Liu, Mark C.; Camargo Carlos A. "Demographic Differences and Trends of Vitamin D Insufficiency in the US Population, 1988–2004." *Jama Internal Medicine* 169.6 (2009): 626-632.

[3] IOM (Institute of Medicine). 2011. Dietary Reference Intakes for Calcium and Vitamin D. Washington, DC: The National Academies Press.

[4] Smith, Philip. "Michael F. Holick, PhD, MD The Pioneer of Vitamin D Research." *Life Extension Magazine* Sep. 2010.

[5] Passwater, Richard. "New Research on Vitamin D, Part 3: The Safety of Vitamin D. An Interview with John J. Cannell, M.D." *WholeFoods Magazine* Jul. 2011.

[6] Nunes, Branca. "Cícero Galli Coimbra, o médico que trata a esclerose múltipla sem remédio." *Veja*, 25 Jun. 2014.

[7] Burton, Jodie. "Is Vitamin D a Ray of Hope for Patients With MS?" *Neurology Reviews* 7;17.7 (2009) 1-16.

[8] Laino, Charlene. "High Doses of Vitamin D Cut MS Relapses."

WebMD Health News. 28 Apr. 2009. Retrieved from http://www. webmd.com/multiple-sclerosis/news/20090428/high-doses-vitamind-cut-ms-relapses.

9 Mok, Chi Chiu, Birmingham, Daniel, Rovin, Brad H.; Vitamin D Deficiency As Marker for Disease Activity and Organ Damage in Systemic Lupus Erythematosus: A Comparison with Anti-dsDNA and Anti-C1q. [abstract]. *Arthritis Rheum* 2011;63 Suppl 10 :2276.

10 Finamor, Danilo C; Coimbra, Rita Sinigaglia; Neves, Luiz C. M.; Gutierrez, Marcia; Silva, Jeferson J.;m Torres, Lucas D.; Surano, Fernanda; Neto, Domingos J.; Novo, Neil F.; Juliano, Yara; Lopes, Antonio C.; Coimbra, Cicero Galli. "A pilot study assessing the effect of prolonged administration of high daily doses of vitamin D on the clinical course of vitiligo and psoriasis." *Dermato-Endocrinology* 5.1 (2013): 222–234.

11 Mokry, Lauren E.; Ross, Stephanie; Ahmad, Omar S.; Forgetta, Vincenzo; Smith, George D.; Leong, Aaron; Greenwood, Celia M. T.; Thanassoulis, George; Richards, J. Brent. "Vitamin D and Risk of Multiple Sclerosis: A Mendelian Randomization Study." *PLOS Journal*, 25 Aug. 2015. DOI: 10.1371/journal.pmed.1001866.

12 Wright, Jonathan. *Why stomach acid is good for you*. New York, NY: M. Evans, 2001. Print.

13 Mowry, E. M; Pelletier, D; Gao, Z; Howell, M. D; Zamvil, S. S; Waubant, E. "Vitamin D in clinically isolated syndrome: evidence for possible neuroprotection." *European Journal of Neurology*, 31 Oct. 2015. DOI: 10.1111/ene.12844.

[14] Wright, Jonathan; Lenard, Lane; (2001). *How Low Stomach Acid Can Make You Sick*: The Bacteria-Cancer Connection. Why Stomach Acid Is Good For You (pp. 121). New York, NY: M. Evans.

[15] Nouri, Mehrnaz; Bredberg, Anders; Weström, Björn; Lavasani, Shahram. "Intestinal Barrier Dysfunction Develops at the Onset of Experimental Autoimmune Encephalomyelitis, and Can Be Induced by Adoptive Transfer of Auto-Reactive T Cells." *PLOS One*, Sep. 2014. DOI: 10.1371/journal.pone.0106335.

[16] Boggild, Mike; Palace, Jack; Barton, Pelham; Ben-Shlomo, Yoav; Bregenzer, Thomas; Dobson, Charles; Gray, Richard. "Multiple sclerosis risk sharing scheme: two year results of clinical cohort study with historical comparator." BMJ. 2009; 339:b4677.
Ebers, G; Traboulsee, A; Li, D; et al. "Analysis of clinical outcomes according to original treatment groups 16 years after the pivotal IFNB-1b trial." *Journal of Neurology, Neurosurgery, and Psychiatry* 81.8 (2010): 907-12.
Veugelers, PJ; Fisk, JD; Brown, MG; Stadnyk, K; Sketris, IS; Murray, TJ; Bhan, V. "Disease progression among multiple sclerosis patients before and during a disease-modifying drug program: a longitudinal population-based evaluation." Multiple Sclerosis 15.11 (2009): 1286-94.

[17] Woods, Alissa. "A Step Toward Multiple Sclerosis Treatment? Phase 2 ANTI-LINGO-1 Results Announced." Multiple Sclerosis News Today. 13 Jan. 2015. Retrieved from http://multiplesclerosisnewstoday.com/2015/01/13/a-step-toward-multiple-sclerosis-treatment-phase-2-anti-lingo-1-results-announced/.

[18] Boggild, Mike; Palace, Jack; Barton, Pelham; Ben-Shlomo, Yoav; Bregenzer, Thomas; Dobson, Charles; Gray, Richard. "Multiple sclerosis risk sharing scheme: two year results of clinical cohort study with historical comparator." BMJ. 2009; 339:b4677.

[19] Cunha, Daniel. "Vitamina D – Por Uma Outra Terapia." Online Video. Youtube. Youtube, 11 April 2012. Web 18 December 2015.

[20] Wahls, Terry. *The Wahls Protocol*. New York, NY: Avery, 2014. Print.